U0117977

促进科技经济融合的
创新组织

鲁萍丽 贾子文 编著

清华大学出版社
北京

内 容 简 介

本书收录目前在创新创业生态系统中发挥积极作用的 16 类创新型组织,涉及创新、孵化、投资、专利、全球贸易及合作交流等。基于对美国、英国、德国、日本、新加坡等国家、地区和国际组织的创新组织的研究,遴选 55 个具有代表性的案例进行分析,重点就其功能定位、工作机制和成效进行归纳,力求形成对中国科协"科创中国"试点城市参考借鉴的工作学习资料,服务科技经济融合发展行动。

本书封面贴有清华大学出版社防伪标签,无标签者不得销售。

版权所有,侵权必究。举报:010-62782989,beiqinquan@tup.tsinghua.edu.cn。

图书在版编目(CIP)数据

促进科技经济融合的创新组织/鲁萍丽,贾子文编著.—北京:清华大学出版社, 2022.8

ISBN 978-7-302-60629-1

Ⅰ.①促… Ⅱ.①鲁… ②贾… Ⅲ.①技术经济－产业融合－研究 Ⅳ.①F062.4

中国版本图书馆 CIP 数据核字(2022)第 064538 号

责任编辑:曾　珊
封面设计:李召霞
责任校对:韩天竹
责任印制:朱雨萌

出版发行:清华大学出版社
　　　　网　　址:http://www.tup.com.cn, http://www.wqbook.com
　　　　地　　址:北京清华大学学研大厦 A 座　　邮　　编:100084
　　　　社 总 机:010-83470000　　　　　　　　邮　　购:010-62786544
　　　　投稿与读者服务:010-62776969, c-service@tup.tsinghua.edu.cn
　　　　质量反馈:010-62772015, zhiliang@tup.tsinghua.edu.cn
　　　　课件下载:http://www.tup.com.cn,010-83470236
印 装 者:三河市东方印刷有限公司
经　　销:全国新华书店
开　　本:170mm×230mm　　印　　张:9.25　　字　　数:139 千字
版　　次:2022 年 8 月第 1 版　　　　　　　印　　次:2022 年 8 月第 1 次印刷
印　　数:1～1000
定　　价:79.00 元

产品编号:093237-01

PREFACE

前言

习近平总书记指出,创新发展是引领世界经济持续发展的必然选择。当前,新一轮科技革命和产业变革正处在实现重大突破的历史关口。各国应该加强创新合作,推动科技同经济深度融合,加强创新成果共享,努力打破制约知识、技术、人才等创新要素流动的壁垒,支持企业自主开展技术交流合作,让创新源泉充分涌流。促进科技经济深度融合,是中国经济走向更高质量发展的必然选择。

为贯彻落实党中央、国务院决策部署,充分发挥科协系统人才智力和组织网络优势,服务企业复工达产、培育经济新增长点、壮大发展新动能,中国科协于 2020 年 4 月正式启动实施服务科技经济融合发展行动,坚持会地合作、上下联动,资源整合、重心下移,以地级市为重点,汇聚国内外创新资源,激发创新创业活力,促进数字经济与实体经济融合发展,推动城镇化与乡村振兴协调共进,助力地方经济社会高质量发展。

创新型组织的作用在于:第一,提高了市场主体特别是企业的新技术应用能力,从而有利于提高国家的创新绩效;第二,增进了新技术的生产者和使用者之间的互动关系,从而有利于产生渐进性创新甚至颠覆性创新;第三,降低了知识传播和技术推广的成本,从而为更多的社会成员提供发展的机会;第四,完善了科技创新治理体系,从而有利于产生新的经济活动和商业模式。

从全球范围来看,目前正在发挥积极作用的创新型组织主要有以下几种功能:

（1）聚集创新资源。

（2）孵化初创企业。

（3）投资创新活动。

（4）构建创新网络。

（5）促进技术转移。

（6）专利资产化。

（7）促进技术交易。

（8）提高企业生产力。

（9）参与全球技术贸易。

（10）促进科学技术发展。

（11）发起国际科技合作。

（12）促进开源创新生态。

（13）推动创新试验。

（14）助力技术孵化。

（15）增进科学技术交流。

（16）凝聚创新活力。

本书基于对美国、英国、日本等国家、地区和国际组织的创新组织的研究，遴选55个具有代表性的案例进行分析，重点就其功能定位、工作机制和成效进行归纳，力求形成可供参考借鉴的学习资料。本书的案例收录截止时间为2020年12月，鉴于各类创新组织也在不断发展演变中，汇编内容仅供参考。书中的疏漏与不足之处，敬请广大读者指正。

本书的编写也得到了中国科协创新战略研究院、中国科学院文献情报中心的大力支持和协助，张丽、巩玥、马倩、袁菲阳、张橙、徐丹、顾梦琛、董阳、刘雅琦、苏丽荣、王萌、张艳欣、赵宇、邓元慧等同志提供大量信息和资料，并参与文字的撰写和图片的选择，在此表示衷心的感谢。

编者

2022年5月

CONTENTS

目录

第1章

科技工业园区：聚集创新资源

1. 美国斯坦福研究园

1）机构概况

斯坦福研究园（Stanford Research Park）是美国第一个高技术研究园，创建于 1951 年，吸引了一批优秀的初创公司和大企业的研发机构入驻。这些企业充分依靠斯坦福大学（Stanford University）的科研基础设施、高素质的人才和开放包容的文化，实现了较快的发展。斯坦福研究园的成功案例吸引了更多的创业者到周边地区寻找发展机会，越来越多的天使投资人、私人资本和专业机构也聚集到这一地区，涌现出一大批在全球具有深远影响的高科技企业。在以斯坦福大学为中心，沿旧金山湾区这一长约 48km、宽约 16km 的狭长地带，形成了世界最密集、规模最大的高技术产业集群，以占全美 1％的人口，创造了 13％的专利，世界百强科技企业中有 20 家在这一地区。一个曾经的农业地区转型成为世界闻名的"硅谷"。

斯坦福研究园早期有瓦里安在这里发明了微波管，奠定了卫星技术和粒子加速器的基础。史蒂夫·乔布斯创立了 NeXT 计算机公司，在个人计算机领域开创了下一代图形和音频功能。惠普公司开发了电子测量仪器、医疗电子设备、化学分析仪器、计算机主机、激光打印机和手持式计算器。

施乐公司的帕洛阿尔托研究中心（Palo Alto Research Center，PARC），发明了个人工作站、以太网电缆和个人计算机鼠标。洛克希德·马丁公司的空间和导弹分部为国际空间站开发了关键部件。马克·扎克伯格在斯坦福研究园将 Facebook 的全球社交网络平台从 2000 万用户扩大到 7.5 亿用户。特斯拉和阿尔戈 AI 这样的先锋企业也进入了园区。

斯坦福研究园不仅孵化出了一大批在全球具有深远影响的企业和产业，创造了数以万计的就业机会，同时开创了科技工业园区的先河，在世界范围内引发了加速科技成果转化、发展高科技产业的浪潮。

2）运行机制

本书以斯坦福 StartX 加速器为案例，分析其运行机制。

作为硅谷众多的加速器和孵化器中最独特的非营利组织，StartX 的核心使命是支持斯坦福的创业者。通过来自学校、校友以及企业捐赠，创始人平均可筹集到 450 万美元创业资本。自 2011 年成立以来，已孵化了近 400 个初创团队，包括 Periscope、Branch Metrics、Poloarr、2Redbeans 等，培养了 700 多名斯坦福大学的校友并使他们成为企业创始人。

一是以回馈社会为使命的零股权商业模式。StartX 脱颖而出的真正原因源于它的商业模式：回馈社会的精神，StartX 是对参与该项目的公司不收取任何股本的非营利组织。StartX 的零股权模式，使得创始人可以自由探索、寻求专业指导，并在一个更加开放和透明的环境下完成商业决策。

二是斯坦福校园创业社区延伸机制。StartX 是由斯坦福大学的校友 Cameron Teitelman 于 2011 年创建的，团队的许多核心员工都来自斯坦福大学。StartX 要求每个申请的创始团队中至少有一名成员与斯坦福大学有关联。斯坦福大学商学院及斯坦福大学的许多设计和工程项目都提供体验式教育。StartX 团队在校园举办活动、讲座，吸引学生做志愿者，并试图通过教育学生创业、提供活动空间，吸引一些世界一流的创始人加入 StartX 加速器项目来回报斯坦福大学。作为一个非营利组织，StartX 有一个非常独特的加速器项目，即邀请创始人提问，分享他们的商业关注点，并从其他创始人、导师和 StartX 合作伙伴那里找到创业社区。

三是创始人的回馈机制。申请 StartX 项目的创始人要经过严格的筛选程序。申请人经过仔细审查后，StartX 投入时间去了解创始人本身，而不仅仅是他们的公司。StartX 希望吸引那些愿意长期为公司效力，并在创业生涯中始终与 StartX 保持联系的创始人。StartX 的大多数创始人会回到 StartX，继续以导师、讲师，甚至合作伙伴的身份为 StartX 作贡献，为未来的创业者提供回报。

四是为重点领域提供针对性额外创业服务机制。在医疗领域，StartX 最成功的一些案例来自医疗项目。StartX 有一个名为 StartX Med 的部门，专门为医疗企业家提供服务，服务范围从生物技术到医疗服务创新。迄今为止，StartX Med 已经成立了 25 家公司，其中 70% 已经证明了商业可行性。斯坦福医疗保健是 StartX 的主要合作伙伴，它的许多创始人都来自斯坦福的生物设计和医学工程项目的工作人员。StartX Med 建立了由导师和斯坦福大学教师顾问组成的领先社区，并提供专门针对医疗初创企业的额外创业服务资源。StartX Med 项目的创始人可以使用 StartX 的实验室设施，并得到知识产权方面的专门指导和使用 FDA 的审批流程。

3）网址

网址为：https://stanfordresearchpark.com/。

2. 芬兰奥卢科技园

1）机构概况

奥卢科技园（Oulu Technopolis）于 1982 年在芬兰北部城市奥卢成立，是斯堪的纳维亚半岛的第一个科技园，同时也是欧洲最大的技术中心（就客户的数量而言）。自成立以来，奥卢科技园为企业提供共享办公室、服务基础设施和其他共享区域，并创建充满活力和创新的社区。如今，该科技园为 1300 多家不同规模、不同领域的公司和组织提供了办公场所。2003 年，科技园在奥卢以外地区扩张，并于 2010 年国际化。目前在芬兰的五个城市设有分部：埃斯波、赫尔辛基、奥卢、坦佩雷和万塔。另外，还在哥德堡、奥斯陆、圣彼得堡、塔林和维尔纽斯开展业务。

21 世纪初,奥卢成为芬兰第二个最重要的信息与通信技术及软件工业中心。科技园公司作为科技园的管理公司,是芬兰为高科技公司的设立与发展提供所需各种服务的最大的公司,在芬兰有四个孵化基地,客户数量达 180 多个,每年能得到政府 600 万欧元的投入,并得到欧盟和芬兰科学园协会的奖励,是北欧领先的企业孵化器,孵化成功率达 86%,平均增长率达 50%。

2）运行机制

一是高科技企业引领科技园的设立与发展。奥卢科技园的设立起源于诺基亚公司及其所形成的产业集群,但诺基亚公司选择奥卢作为公司地点的主要原因并不是由于奥卢大学(University of Oulu)的存在,而是因为奥卢地区初见端倪的工业转向(由加工制造业转向以电子通信为主的高科技产业)。1972 年,诺基亚电子公司(Nokia Electionics)在奥卢成立,根据芬兰军方的命令,基于美国技术授权开始生产军用无线电设备;20 世纪 70 年代,诺基亚电子公司开始在奥卢进行无线电电话的民用转化;20 世纪 80 年代初,诺基亚电子公司专注于基站与传输单元的开发与指导,同时开发移动电话的应用软件、设计集成电路与硬件;20 世纪 80 年代后期,奥卢市主导产业的方向是为第二代数字手机开发基站,其主要工业的职业岗位发生了重要转变。2008 年,奥卢市高技术工作岗位达到 1.8 万个(占全部工作岗位的 20%),电子产业成为奥卢市雇佣人员最多的行业,在工业结构中保持了主导地位。

二是良好的创业资金支持体系促进新兴企业成长。芬兰政府对每一个初创小企业的投资者都给予相应的鼓励。这一投资不需要回报,不需要偿还。芬兰政府每年都有专项财政预算,除用于发放失业救济之外,还向新创企业提供启动资金。这种投资最多可达到企业创立资金的 50%。芬兰政府利用中小企业担保体系,为新创建的小企业从协作银行中获得贷款提供担保,并代企业偿还一半贷款利息。如果企业在担保期限内归还贷款,政府的担保解除,如果企业在担保期限内破产,由政府向银行偿还所有欠款,这一措施极大地鼓励了创业者的热情。芬兰出口信贷机构是一家"特别"的金融公司，由芬兰政府管理，为国内企业提供金融服务，并帮助产品出口和企业国际化。为降低投资风险，投资者可以从该公司得到资金担保。它为企业的发展设计了多种金融产品供企业和个人选择。

三是大学、研究机构与科技园进行匹配。奥卢科技园的发展一方面得益于奥卢大学，该大学以从事教育和为北芬兰地区服务为主要目标，其2/3的毕业生在该区域就业，成为企业主要的人才来源。20世纪80年代初，奥卢大学开始增强其社会职能，学科设置开始更加面向社会需求。1965年，电子工程专业的第一批毕业生成为吸引新兴产业进入当地的主要力量，并吸引了其他区域的许多电子公司。1969年以后，许多大公司也开始进入该区域，1973年，诺基亚公司开始在奥卢建立分支机构。在此基础上，奥卢政府于1982年建立芬兰第一个科技园——奥卢科技园；另一方面，得益于企业与大学人员交互任职，园区内奥卢大学电子工程系和信息处理系是促进本地企业成长和吸引企业进入的主要动力，与企业间的交互任职为双方都带来了较大收益。最著名的是曾任诺基亚公司无线连接研究中心经理的Matti Otalas，他于1967年被邀成为奥卢大学电子工程系的教授，在较长的一段时期内同时担任这两个职位，这也增进了诺基亚与奥卢大学的联系。该时期该系的大部分学生成为诺基亚公司的员工，这使得奥卢大学被称为芬兰首家"诺基亚大学"。

3）网址

网址为：https://www.technopolis.fi/en/。

3．美国北卡研究三角园

1）机构概况

美国北卡罗来纳州研究三角园（Research Triangle Park）位于美国北卡罗来纳州的罗利、达勒姆和教堂山三个主要城市之间的交接地带，并被北卡罗来纳大学教堂山分校、北卡罗来纳州立大学和杜克大学三所名校包围。

因园址恰好选在以三座城市中三所大学为顶点构成的三角形地带的中央，故称研究三角园。研究三角园于 1959 年开始建设，规划面积约 7000 英亩，经过多年的建设，已发展成美国最大也是最成功的高科技园区之一。

北卡研究三角园堪称美国大学创新体系与产业结合的典范。1959年，北卡罗来纳州政府为了推动地区经济转型，同时也为了留住杜克大学等三所大学的毕业生，研究三角园应运而生，并成功吸引众多知名企业入驻，成为当地生物技术和计算机科学研发的"定海神针"。三所大学不断向研究三角园输送优秀人才和优质项目。大学毕业生在当地创立了众多企业，大学研究项目又催生了不少初创企业，为创新经济的发展不断提供新鲜血液。目前，研究三角园已拥有 5.5 万多名员工和 300 多家公司，科研领域涉及计算机、医药、电信、微电子、农业生物等多个尖端学科。IBM 公司、史克制药公司、加拿大北方电讯公司等著名企业也在这里设立了规模庞大的研发中心。

研究三角园的成功与优秀人才的供应密不可分，一个研究园区连接三所知名大学，这在美国并不常见。在美国乃至全世界，很少有地方能比得上建立在罗利-达姆勒-教堂山地区的科研人员和设备的聚集密度。

2）运行机制

一是注重前期规划，优化园区环境。 为最大化园区的创新资源的集聚，研究三角园非常注重前期的发展规划。目前，研究三角园连接良好，平均通勤时间不到 25 分钟，RDU 国际机场提供 62 个直达目的地和超过 400 个每日航班，交通便捷。研究三角园充分利用自身优势与市场发展，当地生活成本低、通勤时间短、教育环境良好，这种舒适的生活方式在吸引企业和人才上具有独特的优势。

二是政府大力支持。 在研究三角园的成长过程中，北卡罗来纳州政府不仅创造了良好的投资环境，更注重对园区产业化发展的方向导向。具体而言，一方面，北卡罗来纳州政府出台优惠政策和导向性投资，大力支持发展高技术研究，提高科技园的创新能力和竞争力；另一方面，北卡罗来纳州政府建立了分工明确的机构，规定利益分配，积极有效参与各方协调，主动与企业接触，为研究三角园做宣传，并对园区企业的反应作出评估，以此为依据，不断改进政府的策略。

三是管理模式较为先进。在具体管理上，研究三角园由北卡罗来纳州的研究三角基金会（Research Triangle Foundation，RTF）管理。作为园区的管家，RTF 是非营利性组织，独立于政府和高校之外，并作为经济实体负责园区建设与规划用地以及财产管理，具体包括负责园区开发阶段的征购建园用地、控制园区土地的适用、规划和落实基础设施的建设以及制定分区规划法令，但对园内各单位的内部事务无权干预。RTF 由三所大学共同管理，实行理事会领导下的所长负责制，理事会由 25 名理事组成，理事会成员由政府、学校、企业等各方代表组成。RTF 通过收取实验室和设备租金维持正常的运营。园区内还在中心区域设立 Frontier RTP，提供免费的联合办公场所和会议室，鼓励合作，成为创意自由职业者、初创企业、STEM 专业人士和新兴公司的大本营；设立 Boxyard RTP，引入餐厅概念、活力活动和微购物体验，建设一个联系社区；设立 STEM RTP，与 K-12 学校、K-12 教育工作者、STEM 产业和高等教育机构合作，帮助或协助招聘人才，为创业提供孵化加速支持。作为区域经济的引擎，RTF 积极参与区域经济发展，带领创造了研究三角园繁荣的商业环境，促进了北卡罗来纳州和整个国家的经济发展。除了致力于促进联系、优化环境、推动创新和协作，RTF 还对促进研究三角园内在活力的项目进行投资。

四是产学研密切结合。研究三角园与三所大学以及本地的社区大学等建立互补、良好的合作伙伴关系。大学为园区教育提供了充分的知识资源，还设立了园区校园和教室，可供园区员工在业余时间继续学习和深造。大学之间也建立了较为密切的合作关系，几所大学共同建立研究机构，提高科技研究开发的整体能力，充分吸引各种企业、机构人员从事微电子、生物、医药学及化学等领域的开发、经营活动。几所大学还委托专业机构直接吸引企业进行相应的技术转化。

3）网址

网址为：www.rtp.org。

4. 美国波士顿生物技术产业集群

1）机构概况

波士顿生物技术产业集群（Boston-Cambridge Life Sciences Cluster）形成于19世纪中期，1980年后迅速发展起来。随着《专利和商标法修正案》（即《拜杜法案》）和《史蒂文森——威德勒技术创新法》的出台，科研机构和学校等公共部门被许可可以从事营利性的产业活动，波士顿地区聚集的顶尖高校开始在科技和经济的互动发展中扮演更为重要的角色，使集群取得了飞跃式发展。20世纪80年代，波士顿地区有79家生物技术企业相继成立，如百健（Biogen）、健赞（Genzyme）等生物医药巨头，20世纪90年代又有88家企业相继成立，集群内员工数量也增长了一倍。如今，作为全球最具活力的生物产业聚集区，波士顿生物技术产业集群涵盖了新药研发和生产、医疗健康产品、医疗器械和设备及环境与兽医等领域。区域内生物技术与制药企业超过240家，绝大多数著名的生物医药公司在此设立了研发中心。

总体而言，波士顿生物技术产业集群最大的发展特色是利用自身强大的研发能力及美国专利政策的优势，走出了一条独具特色的高科技生物技术产业发展道路。

2）运行机制

波士顿生物技术产业集群强调研发合作、知识共享、创新协同，形成了多主体、多层次、多渠道的运行网络。集群的日常运营主要由政府、企业和高校共同建设的董事会负责；研发主体为波士顿环剑桥地区的顶尖高校、医学中心和其他研究机构；主要资金来源为政府、基金和其他投资；集群内的生命科学孵化器和马萨诸塞州生物技术委员会为企业之间及企业和研发机构之间的产学研合作提供全链条的服务。

一是官、产、学共同管理。 波士顿产业集群的组织架构由政府、基金会或银行及私营企业共同参与投资建设。三方组成董事会/理事会，通过招募专业管理团队对园区的物业行使管理权，对场地的租赁和孵化服务进行企业化运作。这种合作模式的优势在于：一方面，利用政府力量弥补了企业发展中后劲不足的缺陷，为企业的发展提供了良性的科研智力环境；另一方面，共同管理也避免了政府行政权力的过多干预，激发了大学和企业界的活力。

二是具有多元化的筹资渠道。波士顿生物技术产业集群有多元化的筹资渠道，包括联邦拨款或资助、州政府拨款或资助、大公司出资、成立基金会、贷款、风险投资等。其中，政府对生物产业的直接支持主要集中在基础研究领域。2018年，依靠哈佛大学、麻省理工学院等著名大学和集群内的医学院、研究型医院及其他研究机构，波士顿生物技术产业集群成为全美获得美国国立卫生研究院资助最多的区域。此外，政府还为集群内的生物技术产业的企业提供多种资助项目，如"经济开发鼓励项目""创造就业鼓励项目""经济稳定信托基金经济开发项目"和"马萨诸塞州新兴科技基金"等。其他资助主要支持应用研究和产业化。在波士顿生物技术产业集群建立之初，大多数投资来自纽约、加利福尼亚州等地的投资基金。随着波士顿生物技术产业集群的成长，大量风投基金在马萨诸塞州开设办事处，当地也成立了许多新的风投基金。小企业在合作中逐步发展成中大型企业或被大企业兼并，大企业和大学又不断促进新企业的创建，这种良性循环促进了产业集群的发展，使得投资效应及研究开发的效率得到很大提高。此外，集群内还采取财政激励、贷款保障、低还款利息等鼓励措施，有效促进了新公司的成长。

三是多元成果转化模式促进成果应用。在波士顿生物技术产业集群，研究型大学的科技成果转化主要通过以下3种途径实现：一是大学将自己的科技成果直接应用于集群的企业；二是通过集群的研发机构转化科技成果；三是直接创建企业，通过大学集群投资的企业进行开发、试验，形成稳定成熟的产品后，将技术和企业出售给大型企业。

四是政府通过成立高层次的科技发展领导和协调机构，制定科技发展宏观战略和规划。受美国政府的宏观政策调控，马萨诸塞州政府在财税、人才吸引、园区建设等方面实施了多项激励措施，包括投资赋税优惠、经济发展鼓励项目、增值税理财、研发税收优惠、劳动培训基金、鼓励招聘的培训拨款、鼓励提供新岗位的资金等，有效改善了商业环境。马萨诸塞州政府针对波士顿生物技术产业集群的相关举措如表1-1所示。

表1-1　马萨诸塞政府针对波士顿生物技术产业集群的相关举措

相 关 举 措	内　　容
经济开发鼓励项目	针对州税收和地方税收的鼓励项目，帮助落户波士顿和在波士顿拓展业务的企业显著削减商务成本
创造就业鼓励项目	帮助符合相关标准的生物科技企业或医疗器械制造公司就其所创造的就业岗位获得奖励金
研发税收减免政策	针对制造商和研发企业的研发活动投资，旨在为研发投资排除障碍，促进创新和公司发展
经济稳定信托基金经济开发项目	一个私营公用基金，提供高风险资金以帮助企业在波士顿建立中小型研发和制造基地
马萨诸塞州新兴科技基金	与传统借贷机构、风险资本和其他融资机构合作，为企业成长发展提供贷款或贷款担保

3）网址

网址为：https://www.masslifesciences.com/。

5. 日本彩都生命科学园

1）机构概况

日本彩都生命科学园建立于2004年4月，是日本最活跃的生物技术产业集群之一。彩都生命科学园由政府驱动，旨在对生物技术、新药研发、医疗器械、再生医疗、食品等领域进行研究和技术开发。

园区在日本政府《生物技术战略大纲》的战略背景下应运而生，并得益于日本政府构建的"官产学研"合作网络。1991年，大阪政府首次在规划中将"生命科学研究与交流"功能加入彩都的区域开发定位中；1998年，日本政府颁布多项鼓励技术转移转化的政策，大阪北部地区生物产业在大阪大学的引领下进入高速发展阶段，彩都生物产业集群开始萌芽；2002年，日本推出《生物技术战略大纲》的国家战略，彩都宣布生命科技园建设计划；2004

年,彩都生命科学园正式开园;2005年,日本国立生物医药创新研究所入驻园区,提升了园区在日本生物产业中的地位,吸引了大批企业和孵化器项目入驻;同年,大阪大学设立彩都分部,加强了产业与学校科技研发的互动;此后,依靠各级政府的资金投入及企业扶持政策的支持,园区内的中小企业逐步发展壮大,彩都生命科学园目前已成为大阪北部地区生物医药产业带的中心园区。

2）运行机制

彩都生命科学园是日本产业园区的典范,其运行机制和发展特色如下:

一是彩都生命科学园诞生于日本大力发展生物产业的时代背景下形成的"官产学研"合作网络。从2001年开始,日本政府投入大量资金,构建"官产学研"合作网络,促进新技术的研发、企业孵化器的建设,培养扶植市场,改善企业融资机制。同时,政府各部门相互配合出台配套政策,促进科技成果转化,在经济产业省启动"产业集群计划"之后,文部科学省随即启动了"知识集群计划",整合日本国内各项研究资源,将其最新的科研成果通过各种信息平台提供给企业界,尽快促成科技成果转化。在政府的大力引导下,2002年,彩都产业园区的建设计划正式推出,依靠彩都区域内的特色资源,形成了具有地方工业色彩的生物技术产业集群。

二是园区的优质服务促进了园区的迅速扩建。新企业落地方面,彩都生命科学园实施一站式服务。一方面快速促进政府认证;另一方面协调联合银行金融机构给予低息贷款,满足企业的土地租赁、设施建设、设备采购及安装的资金需求。公共服务平台方面,依托大阪大学的医院、图书馆、微生物病研究所、免疫学前沿科技研究中心、蛋白质研究院、癌症遗传细胞检索中心等专业机构和设施资源,为企业的创新研发提供便利。孵化服务方面,园区内已建成包括彩都生物孵化器、彩都Biohills中心、彩都生物创新中心在内的孵化辅助机构,有效支持了各阶段的中小企业成果孵化。

三是政府的税收和补贴政策直接惠及园区内的大小企业。一是园区的低息金融贷款服务降低了中小企业的入园门槛,同时也提升了园区对人才的吸引力。二是针对中小企业减免当地税,并给予经费补贴,补贴分为投资补贴和研发补贴。其中，投资补贴是指对于投资额超过 10 亿日元且员工数量超过 10 人的企业给予投资总额 5％的财政补贴，对不涉及不动产建设的企业给予 50％的租金补贴；研发补贴是指针对新成立的企业给予更换新设备补贴。三是为新企业落地实施一站式服务，颁发政府认可的证书或者授权。联合银行金融机构对新进企业给予低息贷款，主要用于满足企业土地租赁、设施建设、设备采购及安装的资金需求，年利率为 1.6％～1.9％，规模约为 12 亿日元。

四是运行模式呈现"政府机构管理——企业投资主导——高校担当技术孵化源头"的特点。 一方面，由高校创新、国立生物医药创新研究所评估、基金投资形成产学研链条。园区内高校、国立生物医药创新研究所和产业基金共同运作。学校进行专利技术转让和成果转化。国立生物医药创新研究所作为第三方机构，负责技术鉴定、资金管理和评估技术的可商业化性，技术经评估后可由政府投资、研究所管理的产业基金进行项目支持。这种由政府主导的产业项目管理模式有力保障了项目的前瞻性，并落实了资金支持。另一方面，由大企业直接投资创新成果。大企业融资后直接在园区内投资的模式对于园区产业地位的提升和规模扩大具有直接促进作用，因而近年来逐渐受到青睐。

3）网址

网址为：http://www.saito.tv/e/lsp/TopPage_e.html。

6. 欧洲生物谷

1）机构概况

生物谷（BioValley）始建于 1996 年 7 月，是首个欧洲倡议的生物技术产业集群，也是国际著名的生物技术基地。生物谷由三部分组成，分别是瑞士巴塞尔生物谷（BioValleyBasel）、德国巴登-符腾堡生物谷（BioValleyDeutschland）和法国阿尔萨斯生物谷（AlsaceBioValley）。生物谷是连接法国、德国和瑞士的交通枢纽，也是欧洲的生物技术中心。20 世纪 70 年代，硅谷（SiliconValley）的成功成为当时全球园区建设的典范,依托莱茵河流域(三国接壤的三角地带)强大的化学和制药工业基础,1996 年,瑞士企业家 GeorgEndress 和 HansBriner 提出在该区域建设生物谷。生物谷的建设初期主要得益于诺华集团提供的风险基金,该基金促成了一大批初创企业的成立,之后欧盟 INTERREG 项目(1997 年开始)也对集群建设提供了经费支持,使得生物谷逐渐发展成为欧洲乃至世界的生物技术基地。目前,集群内形成了包括现代生物技术、农产品经营、生物制药在内的多个生物技术产业,以诺华(Novartis)和罗氏(Roche)为代表的国际著名生物公司的总部均设在此地,形成了世界顶级的科研产业网络。

2)运行机制

生物谷是多国科技转移的典范,其运行机制主要有以下特点:

一是生物谷内设生物谷促进机构(BioValley Association),由其进行生物谷的管理及协调。生物谷促进机构由 1 个生物谷中心机构和法国、德国、瑞士子机构组成。中心机构负责统筹协调子机构的运行,成员国子机构负责协调集群内本国企业的科研、开发、贸易和商业协作等。生物谷中心机构由 15 名代表组成(法国、德国、瑞士各 5 名代表)。中心机构在法国、德国、瑞士分设 3 个子机构,每个机构下又设置机构大会、董事会和审计部。其中机构大会是子机构的最高权力机关,主要职责为:批准年度预算和审计报告、决定董事会和审计部成员、设定会费标准、批准机构章程等。董事会主要负责日常管理、对外交流、会员招募、年度计划和预算制定及机构资产管理等。审计部主要对机构内部财务进行管理和年度审计,报送机构大会。

二是集群内四类机构合作密切形成产学研合作网络。研发企业包括以诺华、罗氏为代表的龙头企业及中小型研发企业;服务咨询企业包括许多促进成果转化的组织和辅助高校成果转化的公司;供应企业主要从事产业链生产资料供应等;研究机构主要是大学及研究所,提供生物技术、化学、制造及其他相关学科的课程高等教育和基础技术输出。

三是集群内三国紧密合作,共享优势资源。

(1)生物谷促进机构着力于协调集群内的跨国企业进行宣传、研究转化,从而促进企业宣传,增加成果转化率。

(2)欧盟为促进生物谷内三国合作,专门提供了专项合作项目,如欧盟INTERREG项目专门设立了三国合作项目(Tri-nationalpfojects),此类项目要求至少两国企业共同出资50%的研发经费,INTERREG出资剩余经费,共同完成项目,促进交流合作。

(3)集群建设数据库保证信息共享,数据库汇集集群内企业、科研机构、科研成果等信息,促进信息共享及深度合作。

四是得益于政府的大力支持及三国优越的投资环境,生物谷经费充足且来源多元化。其中,巴塞尔部分的经费如下:

(1)欧盟INTERREG计划经费支持。

(2)瑞士联邦政府和参与该计划的瑞士西北部各州拨款。

(3)风险资本、私人股权投资基金及投资公司。

五是汇集全球生物医药产业巨头,形成强大的孵化力量。生物谷汇集了全球生物医药产业巨头,如诺华、罗氏、礼来、强生、先正达和辉瑞等。其中,诺华公司和罗氏公司共同占据了全球癌症药物市场38%的份额,是全球顶级制药巨头。1997—2012年,园区内初创企业的数量从每年40家增长至每年200家,集群为初创企业提供了良好的条件,如企业管理培训、技术培训、高校技术对接及融资渠道对接。

3)网址

网址为:https://biovalley.ch/membership/。

7. 新加坡科学园

1)机构概况

新加坡科学园(Singapore Science Park)成立于1984年,由新加坡科学理事会管理。其目标是发展新高科技,培养研究与开发的专业人才。科学园的活动和技术产品的生产围绕大量科研与开发进行,主要归纳为五方面:生物工程和生物医学、计算机软件和硬件、石油化工、电子技术与电力工程、技术服务与咨询。

目前,新加坡科学园(Ⅰ、Ⅱ和Ⅲ期)吸引了200多个登记在册的研究机构。300多家企业在此投资并进行研发活动,组成了新加坡最大和最有影响的研究群体。科学园的租户既包括索尼、埃克森石油公司、SGI图形工作站、朗讯技术公司和英国石油公司等跨国公司(Multinational Corporations,MNCs),同时也有为数众多的中小型企业(Small and Medium Enterprises,SMEs)。其中,入园的新加坡本土企业大约有70％是中小型企业,23％是初创公司,7％是研究机构。以科学园为中心的新加坡西部一带,已成为新加坡的"科技走廊"。

同时,新加坡科学园早在1984年就加入国际科技园协会,其目的是加强新加坡与国外的国际合作,利用国外智力和研究成果发展新加坡工业,同时便于新加坡中小型高科技公司与国外的合作。

2）运行机制

一是以科学理事会为核心的运行管理模式。科学园区由新加坡科学理事会(Singapore Science Council)管理,科学理事会一直在促进科学园的发展,同时又加强与裕廊镇工业管理局和经济发展局的密切合作。在新加坡科研与开发领域内享有盛名。科学理事会采用包括组织研讨会、学术会、座谈会、交流访问、共用资源和设备的种种鼓励协作渠道,以及各种社交、娱乐活动。在协调科研项目和发起创办科研与开发合资企业方面充当"媒人"。新加坡政府的一些机构如新加坡规格及工业研究所、新加坡国家电脑局和裕廊镇工业管理局以及新加坡大学都积极地协助科学理事会做好科学园的管理与发展工作。科学园内的公司凭借卓有成效的科技研究与发展引起了世界的关注。它们引用了Seagate、Mentor、GrapMcs和Exxon等名称,使得科学园更加富有生气和丰富的想象力。

二是实施严格的园区接纳标准。各个公司必须正式提出申请并获准后才能在园区内建立,严格挑选的目的在于确保科学园发展成为其业务与设施中科研与开发占比较大的园区。为了保证科学园的特色,被接纳的公司必须要满足以下标准:

（1）技术成分。

公司必须有较高比例的研究与开发工作以及相应的科学研究活动。这可以反映在所占空间每一单位面积上的固定资产投资和人均加工价值上。前者表明一个项目的资本密集程度和技术成分，设备和设施的固定投资高，是技术密集的典型特征。后者则是该项目技术水平的标志，科研与开发设施要匹配高水平、高工资的人员，因而加工价值的数额亦高。

（2）人员结构。

高技术业务要求在人员结构上从事科研与开发工作的人员的比例高于从事制作、销售、行政管理工作的人员的比例。一个公司的科研与开发成分，可以从其人员结构中博士、硕士、学士与未获学位者之间的比例看出。享有盛誉、成果累累的科研与开发项目往往拥有相当比例的取得高级学位的人员。

（3）科研与开发成分。

对项目的科研与开发成分进行质量评估。一些侧重生产或服务的业务，在以往的数量参数上可能得分很高，但不一定被接纳，因为这些项目在设计、开发和科研方面得分低。一个公司每年的科研与开发预算的绝对数及其在整个业务预算中所占的比例，也是接纳时需要考虑的关键指标。

（4）催化和战略价值。

一些机构，如新加坡标准与工业研究所和国家计算机局，由于他们在国内的重要性以及对科学园发展所起的催化和加强作用而得到优先考虑。测试、分析性服务、咨询和承包的科研机构，对科学园所起的催化及战略作用也很大。

（5）否定因素。

凡有污染问题或土地密集的公司，不予接纳。

三是园区采取以政府驱动为主的发展模式。同市场主导的硅谷模式不同，新加坡科学园从创建到发展均由政府驱动，而私人部门的参与则在很大程度上受到限制。新加坡科学园项目始终根植于国家技术计划，并同其他产业、科技政策相整合，体现出很强的政策连贯性与协调性。无论从科学园的创建、选址到运作，还是在吸引海外的跨国公司入园开展研发活动、促进周边的大学与科研机构同产业界合作、将科学园项目纳入国家技术计划的政策扶持等方面,政府均扮演着干预主义行动者的角色。新加坡政府的产业哲学简单而明晰,即努力构建有益于研发活动和高技术产业聚合的氛围,帮助新加坡在愈演愈烈的国际化竞争中"保持其环境的竞争力"。

四是园区与周边科研机构的互动关系。新加坡科学园的成功之处,还体现在科学园中的企业与周边的大学和科研机构等知识生产主体存在着强烈的互动关系。在政府的引导下,新加坡科学园选址于新加坡西南方,坐落在新加坡技术走廊的心脏地带。新加坡技术走廊的规划始于1991年的国家技术计划,目前已成为新加坡科研机构和高技术产业的聚集地,研发环境优越,创新氛围浓厚。新加坡科学园位于新加坡国立大学(National University of Singapore,NUS)和新加坡国立医科大学(National University Hospital,NUH)的右侧,同时与新加坡理工大学(Singapore Polytechnic,SP)和南洋理工大学(Nanyang Technological University,NTU)相连,毗邻肯特岗数字实验室、分子与生物细胞研究所、高级计算研究所、微电子研究所、无线通信中心、生物技术中心、国家计算机委员会、新加坡科学中心等重要的科研机构。此外,新加坡工艺学院、义安工艺学院、德国-新加坡工艺学院、法国-新加坡工艺学院、新加坡科学馆、国家电脑局、新加坡规格与工业研究所、惠普公司、埃克森公司、裕廊工业管理局等单位都在"科技走廊"内,园区位置优势非常突出。

3）网址

网址为：https://www.sciencepark.com.sg/en。

第2章

企业孵化器：孵化初创企业

1. 美国 TechStars 孵化器

1）机构概况

TechStars 是美国久负盛名的孵化器之一。TechStars 成立于 2006 年，总部位于科罗拉多州博尔德，目前已经扩张至纽约、西雅图、波士顿、圣安东尼奥等城市。TechStars 创立时的主要目标之一就是改善创业生态。TechStars 专门致力于将公司与世界上最有前途的初创公司联系起来，让TechStars 网络内部和外部的初创企业、导师、投资者和合作伙伴，进行联系并帮助他们建立有意义的关系。

自 2006 年以来，TechStars 已与 2000 多家初创公司合作。TechStars 得到美国空军的支持，先后建立了"TechStars 空军加速器""太空科技加速器"和"联合太空加速器"。

2）运行机制

从运营上看，TechStars 具有如下几个特点：

一是关注"天使尚未注意到的项目"。虽然每期孵化项目的数量有限、投入的资金不多，但可以给每家初创公司提供最大的指导和帮助。

TechStars 资助的企业主要是技术型企业，如具有跨国吸引力的科技企业、初创企业。对创业者来说，如果能进入 TechStars，就意味着公司接触到了最前端、顶级的创业资源。

二是实行"导师制驱动"模式。TechStars 的模式是引入导师帮助初创公司，确保每家公司都能获得导师的高度关注。TechStars 为创业团队制定了分阶段的学习计划。TechStars 的加速器一年两期，一般会提供为期三个月、由创业导师指导的企业加速项目。

三是发展专业孵化器。TechStars 联手跨国航空航天投资机构和咨询公司 Starburst Aerospace 在洛杉矶推出了一个专注于太空行业的加速器——"Techstars Starburst 太空加速器"。洛杉矶本已是一个重要的太空和航空航天创业中心，这方面的知名创业公司有 SpaceX、Relativity Space、Virgin Orbit、Rocket Lab、Phase Four 等。新加速器将成为推动洛杉矶创业生态系统发展的另一股力量。这个加速器获得美国宇航局（National Aeronautics and Space Administration，NASA）喷气推进实验室（Jet Propnlsion Laboratory，JPL）、美国空军、洛克希德·马丁公司、Maxar Technologies 公司、美国科学应用国际公司（Science Applications International Corporation，SAIC）和以色列航空工业公司（Israeli Aircraft Industries，IAI）的支持。

四是发展虚拟孵化器。TechStars 与美国空军、荷兰国防部、挪威国防部和挪威航天局合作运营联合太空加速器（Techstars Allied Space Accelerator）。该项目为期 13 周，主要面向商业太空领域中开发下一代太空技术的创业公司，这些技术包括太空态势感知、空间数据分析、太空通信、太空 AI、卫星服务等。第一期项目于 2020 年 6 月至 9 月完成。与 TechStars 的大多数项目不同，入选该虚拟加速器的创业公司不需要去一个固定的地方参加项目，主要是远程接受辅导和培训。此外，入选公司还将现场拜访该项目的政府机构合作伙伴，每次拜访为期 1 周，一共 3 次。在这期间，创始人们将一起工作、建立友情、与导师建立联系并增进与合作伙伴的关系。TechStars 的国际合作伙伴将为项目参与者传授宝贵的专业知识，帮助他们在这些领域进行快速创新，也将为他们的未来业务增长和关系建立提供宝贵机会。

3）网址

网址为：https://www.techstars.com/。

2. 德国柏林创意工场

1）机构概况

2011 年，Udo Schloemer 作为柏林天使种子投资公司 JMES Investment 以及大型房地产公司 S+P Real Estate 的 CEO，将两大公司资源进行整合，联合开发创立了德国最大的初创企业园区——创意工场（Factory Berlin）。创意工场是德国目前最热门的新技术公司的创业空间，占地 1.6 万平方米，创意工场共有 700 位员工，在公共办公区域除了全职员工外，还有大量月工资 50 欧元的兼职技术工人。创意工场有 2000 多名会员，入驻了 600 多家初创企业。目前，在驻的企业包括 Mozilla（火狐浏览器的开发机构、Mozilla 公益基金）、SoundCloud（德国社交流媒体网站）和 Zendesk（美国一家提供 SaaS 服务的互联网公司）等，创意工场也是像 Uber 和 Twitter 这样的硅谷巨头的欧洲前哨。

2012 年，谷歌向创意工场投资 100 万欧元，达成了 3 年的合作，3 年期结束之后，谷歌与创意工场重新建立伙伴关系，并继续投入额外的资金。同时谷歌也将其全球孵化器"Google for Entrepreneurs"的德国中心设在了创意工场。

创意工场的成功之处在于建构了一个能够相互联动的创业创新生态系统。在创意工场内，既有具有强大培训和孵化能力的谷歌柏林校园，也有来自大型企业的资金支持和企业数字转型需求，打开了一个初创企业能够共生发展的市场，根据这些需求，初创企业通过创新能力促进大型企业的数字化转型，同时借力各类成熟企业和孵化器，完善自身的技术核心能力和管理能力，不断成长。

2）运行机制

创意工场的特点是建立传统大企业与数字创新企业的联动平台。

　　德国中小企业大多为百年家族企业,在数字化转型方面创意不足。如果提供一个平台,让这些家族企业与高度依赖数字技术的初创企业一起合作,就会取得双赢的局面。来自大型成熟企业的支持会让初创企业得到更多的资金和发展机会,可以让创业者看到失败风险的降低,以及即使失败之后,还有很多东山再起的机会。基于这样的初衷,创意工场希望建立一种让传统企业为初创企业提供资金,初创企业帮助传统企业数字化改革的合作模式。

　　在具体的运营过程中,创意工场采用"商业俱乐部"的模式,将有前途的初创科技企业家与大型企业联系起来,致力于弥合创新型科技创业公司和大公司之间的差距。大型企业入驻创意工场每月的会费是 1500 欧元,它们可提出数字化转型的具体需求,由创意工场筛选 10~15 家合适的初创企业,组织"配对会",初创企业逐一介绍产品理念和合作可能,大型公司即可拍板、配对,开展具体合作项目。

　　一般而言,柏林办公场所的平均月租为每人每月 200 欧元。而初创企业入驻创意工场,只需要支付每人每月 50 欧元的会员费,即可享受创意工场提供的各类资源,例如办公位、茶水间以及公用的用于测试产品应用的各类移动终端,如平板电脑等。创意工场所呈现的创新优势,不仅仅停留在创新成本的降低和周全的服务配套上,抓住与龙头企业的合作机会,在扶持初创企业发展的同时,激活大型企业的数字化转型,是创意工场能够始终在德国保持领先地位的关键。

　　具体举两个案例。

　　一是大型公司提供资金购买初创企业服务(初创企业 Hackerbay 案例)。创意工场的一家初创企业 Hackerbay 成立于 2016 年,是一家将企业与应用程序开发人员网络连接起来的平台。Hackerbay 已经拥有包括 Twitter、Facebook、Audi 和 Wirecard 在内的客户。其主要的服务形式是公司创始人为大型公司的项目工作,如 Hackerbay 为 Twitter 的柏林公司完成的桌上足球数字化项目。初创企业的小而精,让他们能够快速地理解并执行服务项目,使得这项为 Twitter 提供的服务在 24 小时内得以完成,而这样的一项服务价值约 1.5 万欧元。

　　二是大公司创新实验室入驻创意工场,联合开发企业产品(ERGO 公司

合作案例）。ERGO 是德国和欧洲的重要保险集团之一。在全球范围内，拓展了 30 余个国家的市场，专注于欧洲和亚洲。在德国本土市场，ERGO 是保险领域的领先供应商之一。ERGO 将其创新实验室设置在了创意工场，便于以更快的速度与具有潜力的创业公司和科技公司建立新的合作关系，使用创意工场完整的技术网络，将专业知识与 ERGO 的创新项目相结合。同时集团在创意工场设置了 ERGO 的一个销售公司，让公司的保险销售代表可以与技术人员共同设计，为企业量身定制数字化产品，以满足未来客户的需求。创意工场社区也是 EGRO 新产品的第一个应用场景，帮助企业进行项目试点运行。

3）网址

网址为：https://factoryberlin.com/。

3．Y Combinator 创业加速器

1）机构概况

Y Combinator 创业加速器（Y Combinator，YC）是硅谷最大、全球顶尖的创业孵化器，被称为"创业圈的哈佛"。该机构由保罗格雷汉姆（Paul Graham）于 2005 年成立，总部位于加州山景城，YC 为有潜力的创业公司提供指导以及资助，并获取其股份作为回报，其首创的初创企业加速模型在全球范围内被广泛复制。截至目前，YC 总计已投资 2000 余家新兴公司，总投资额达 1500 亿美元，孕育了 Airbnb、Dropbox、Reddit 和 Quora 等知名独角兽公司。

YC 每年举办两次为期 13 周的"新兵训练营"，为每支团队提供 1.1 万美元的种子基金和 3000 美元的资助，并换取该公司 6%～7%的股份。

2）运行机制

一是实行严格的准入标准（1.5%的准入率）。全球涌现大批新加速器，它们都提出了类似 YC 的理念，尽管规模有限，不及 YC 及其美国的竞争对

手（如 TechStars、AngelPad 和 500 Startups 等），但依然给这一市场带来了巨大的冲击。不同于网络创业学院宽松的准入标准，YC 的经典加速项目录入率仅 1.5％，这使得其被冠以"硅谷哈佛"的美名。今年，YC 也将接受所有申请在线创业学院（Startup School）的人，为 1.5 万名全球各地的申请者提供一场为期 10 周、免费的大型开放式网络课程（Massive Open Online Courses，MOOC），其中包含有虚拟办公场景。参与并完成了整个课程的部分学员将得到 1.5 万美元的奖金。

二是 YC 实行网络化运营。尽管来自同行的竞争日益激烈，YC 仍在该领域占据着主导地位。该公司拥有 4000 名公司创始人的人脉网络，在独角兽的发现与发展过程中一直维持着良好记录。自 2005 年以来，经 YC 发展壮大的初创公司目前总价值超过 1500 亿美元。与其最接近的竞争对手均没有公布类似的总估值数据，以 Angel Pad 为例，该公司只表示，其近 10％ 的初创企业估值超过 1 亿美元。2017 年，YC 与斯坦福大学合作，将 YC 前总裁萨姆·奥尔特曼（Sam Altman）教授的一门在线课程发展成大型开放式网络课程。尽管创业者也可以从 Udacity（优达学城，来自硅谷的在线教育平台）的"如何创业"（How to Build a Startup）和利兹大学（University of Leeds）的"创业"（Start a Business）等其他指导课程中学习，但自在线创业学院推出以来，YC 每年吸引了 1.3 万～1.5 万名申请者，课程完成率始终在 50％ 左右，远远超过平均水平。YC 在 2019 年冬季推出两年一度的核心加速器项目，这是该公司迄今规模最大、最多样化的项目。据悉，该项目一共接收了来自全球 36 个国家的 200 余名申请者，其中 40％ 的企业总部位于美国以外，约 24％ 的公司有女性创始人，13％ 的公司创始人全是女性。

三是持续探索新模式。加速器在许多国家正如雨后春笋般涌现，但它们和与之合作的初创企业一样，很容易受到市场动荡的影响。许多加速器在取得巨大成功之前就已经落寞退场，能与一家独角兽公司共同成长起来的就更加稀少。原因在于："现金换股权"（cash-for-equity）的商业模式往往需要数年时间才能带来回报。Gust 调研显示，2016 年，亚太地区仅有 7％ 的加速器是通过退出/出让持有股权来获得主要收入的。加速器一直在探索新的收入渠道，包括导师收费制度、转租办公空间、举办各式活动以及开展企业间合作等。传统创业模式是否会延续？创业生态系统是否已经具备整合与变革的条件？无论未来如何，加速器都必须与时俱进，对不断变化的市场环境做出反应。

四是建立校友机制。 在美国，强大的校友网络不仅体现在各个高校，类似的机制也被众多孵化器所发扬。比如进入 YC 的团队，都会被贴上 YC 校友的标签。这样年轻的团队不仅会与 YC 之前成功孵化的企业有亲密接触，得到与它们合作的机会，同时在同一批孵化企业之间，也能够相互借鉴学习到很多东西。比如为企业用户定制的软件公司，就可以直接在以前成功孵化的企业与周围的初创企业做推广，这样对产品的推广和发展都有着巨大的推进作用。同时，互相协作使很多企业之间达成了良好互补的关系。当然，校友机制需要一定的时间积累，对于新兴的园区，可以通过和其他机构合作，来建设类似校友的网络，以共享资源，最大限度地帮助创业公司。

3）网址

网址为：https://www.ycombinator.com。

4. 美国 500 Startups 创业加速器

1）机构概况

500 Startups 创业加速器于 2010 年在美国硅谷成立，是一家总部位于旧金山的风险投资机构和创业加速器，同时也是跨 20 国的庞大全球创业社群网络，被 Pitch book 连续 7 年评为"全球最活跃的风险投资机构"，2019 年投资数和退出数均位列第一。创立一年半的周期内，500 Startups 旗下已孵化近 150 家初创公司。截至目前，已在多领域投资科技创新公司超过 1400 家，遍布 50 个国家。其中比较有名气的项目包括：颠覆传统企业级电话和通信网络的 Twillo、可视化信息图制作和生成工具 Visual. ly 和企业级社交媒体管理工具 Wildfire(已被谷歌公司收购)等。2013 年 2 月，500 Startups 正式将其业务范围扩张至中国市场，投资了中国大陆的云计算服务器托管商云络，以及在中国台湾创建、面向全球已有数百万用户的社交聊天工具

Cubie。此前 500 Startups 还投资过美籍华人创建的面向全球用户的时尚资讯定制浏览器 Monogram。部分中国及亚洲项目如表 2-1 所示。

表 2-1　部分中国及亚洲项目

公 司 名 称	所属地区	简　介
云络科技	上海	为中国、美国、日本等国家的公司提供服务器管理和云计算服务
Animoca Brands	香港	香港手游发行商。推出过《哆啦 A 梦》《加菲猫》等品牌的授权手游
赏金猎人	台北	创意比赛平台,收集世界各地不同的比赛信息,提供给创意人
Roam and Wander	香港	儿童娱乐教育应用开发商,旗下产品有 Sticker Game 等
Codementor	台北	在线编程教练平台,通过屏幕共享、视频为开发者提供即时的一对一在线编程指导
拼贴趣	台北	美图拼图应用,可以设计拼贴照片,还有裁剪、特效、文字等多种照片编辑功能
Shopline	香港	为非专业技术人士架设电商网站提供快速简单解决方案
9Gag	香港	9GAG. TV® 是一个搞笑趣味视频网站,按各种分类,由用户上传内容
Fiberead	北京	专注于数字出版的互联网公司,其宗旨是为了搭建一个帮助作者和译者方便快捷出版译著的自出版平台
Ornate	深圳	智能可穿戴设备软硬件设计公司,美国珠宝公司 Richline 的官方合作伙伴
Affinity China	上海	利用高感性与高科技相结合的私人社交网络,为 Affinity China 的成员们提供独特及专属奢华的生活方式和旅行机会
Grab Taxi（估值 11 亿美元）	新加坡	风靡东南亚的打车软件

　　500 Startups 热衷于寻找互联网和创业热门国家和地区的项目,并在日本、新加坡、迈阿密等多国或地区设有加速器项目。此后,将看好的项目聚集到加州山景城（Mountain View）的 500 Startups 的 24 小时办公空间,接受 4 个月的孵化训练——这样的训练营每年共有 3 次。在训练营结束后的 Demo Day（展示日）上这些项目接受硅谷顶级投资人和媒体的审视,然后再搬离 500 Startups,选择留在硅谷,或回到自己所在的国家和地区,寻求下一

步发展。

2）运行机制

一是 500 Startups 实行 1∶1 导师制培养。500 Startups 初创团队在初期,不仅会得到好的导师的指导,并且还会得到导师的相关人脉资源的支持,对产品、市场、后续融资都会有显著帮助。500 Startups 的导师数量非常多,分布在不同的城市,它们把导师按照不同的领域进行区分,创业者可以根据自己项目的需求来挑选。一些导师本来就是投资人,作为导师就可以更容易和创业者建立合作关系,抓住投资机会。有些导师的资源会对初创公司起到实质帮助,这些导师就可能获得一定的股份。除了挂名之外,这些导师都担任着和孵化器亲密接触的任务。通过举行导师分享会邀请业内有名望的企业家、投资人来分享经验,并对其孵化的公司进行指导。分享会通常也会开放一定名额给外面的创业者,逐渐成为孵化器吸引项目、建立口碑的手段。

二是 500 Startups 重点关注少数族裔人群。尽管来自同行的竞争日益激烈,500 Startups 希望在科技行业里看到更多人种多样性。2015 年,500 Startups 对墨西哥、阿根廷、秘鲁、委内瑞拉、哥伦比亚和西班牙的 15 个创业项目投资 75 万美元,其中每个项目获得资金 5 万美元,并提供导师和专家网上支持。2016 年 6 月,500 Startups 成立了一个 2500 万美元的创业微基金,重点支持黑人及拉丁裔创业者。这也是首个针对少数裔群的创业基金,它将不会专注于某个特定行业领域。该微基金只会投资美国国内的少数族裔创始人,预计会投资 100 家初创公司。对于黑人及拉丁裔创业者们而言,获得 500 Startups 的青睐意味着能够获得资金、人脉和经验,帮助自己的初创公司快速发展。

三是定位于全球化孵化器。500 Startups 比较有特色的一点是它是硅谷为数不多的"全球化"孵化器,在它已经投资孵化的 400 家公司中,有至少100 家来自美国之外,占总数的 1/4 以上。除了美国本土的旧金山湾区、波士顿、纽约、奥斯汀、洛杉矶、西雅图和华盛顿等与创业密切相关的城市之外,500 Startups 还着重强调它们主要吸收以下国际城市的创业团队：伦敦、巴黎、东京、圣保罗、新加坡、墨西哥、班加罗尔以及中国大陆的北京和上海。Dave McClure也公开表示过：硅谷的投资人应多探寻美国之外的世界，而下一个"超级公司"可能出现在亚洲。它鼓励美国之外其他地方的创业团队来硅谷直接获得经验和资源，然后继续服务本地市场。当然，还一种比较聪明的做法是，产品面向全球用户，研发和产品团队落于本国。

3）网址

网址为：https://500.co。

5．Mass Challenge 加速器

1）机构概况

Mass Challenge 成立于 2010 年 4 月，总部位于马萨诸塞州波士顿，是美国著名的非营利性的孵化器和加速器公司。创始人哈桑和尼格姆每年接纳 125 家刚起步的公司，并向每家企业发放 100 万美元的赠款，不收取任何股权作为回报，甚至连参与者的报名费用都可以报销，因此比全球其他类似项目孵化出了更多的初创企业。

在过去的 10 年里，Mass Challenge 加速器筹集了超过 43 亿美元资金，已经对 1900 家初创企业进行培育和加速，创造了大约 8910 个工作岗位。并实现了 43 家企业的退出，创造了 25 亿美元的收入。

2）运行机制

一是拥有举办训练营类型的运行模式。Mass Challenge 的运行模式和YC 孵化器相类似，也是通过筛选、面试、训练营和演示日的流程，最终选出获得最多评委和投资人青睐的参与者，并给予资金和其他各类资源的协助。Mass Challenge 利用其广泛的人际网络，为初创企业和波士顿地区的要人牵线搭桥。Mass Challenge 判断申请者的标准是其业务能否形成"高冲击力"。在提交一份两页总结之后，初步入选的 300 个申请者将被邀请到波士顿，在由当地天使投资人、风投资本家和 CEO 组成的专家小组面前进行 20 分钟

的自我推销。最后胜出的 125 个团队整个夏天都将在 Mass Challenge 的总部度过。

二是利用 SOLIDWORKS 加快初创企业的创新产品开发。 Mass Challenge 选择了将 SOLIDWORKS Premium 设计和分析软件用于初创企业，因为该软件易于使用，具有加快行业发展的跟踪记录功能，并提供广泛设计、仿真和交流工具，初创企业可利用它们将想法商业化。SOLIDWORKS Premium 软件可帮助初创企业更快速地从概念设计转至原型制作，并更有效地从开发过渡至生产。

2012 年加速器十万美元钻石奖得主 Global Research Innovation and Technology(GRIT) 开发了杠杆式自由轮椅 (Leverage Freedom Chair，LFC)，也被称为轮椅中的山地车，LFC 使发展中国家/地区的残疾人士能够越过障碍，为他们提供独立生活所需的可移动性。通过 SOLIDWORKS 软件，GRIT 从开发扩展到了制造，使用 20 个 LFC 在遭受地震袭击的海地进行了初步试验后，GRIT 开始与印度制造商 Pinnacle Industries 合作生产首批订单——300 台轮椅，最初的客户包括政府机构和医疗慈善组织。

三是免费提供场地、指导和资金支持。 Mass Challenge 不区分行业，欢迎各类公司前来创业。Mass Challenge 每年 10 月都有一笔 110 万美元的资助款会被分给那些表现出最大发展潜力的团队，并为他们免费提供办公空间和专业的指导顾问，且不收取任何股权作为回报，甚至连参与者的报名费用都可以进行报销。Mass Challenge 背后拥有一个强大的赞助者团和一个由 200 名顾问组成的网络。在他们的帮助下，Mass Challenge 每年夏天的 3 个月，都将 2.7 万平方英尺的办公室无偿供给 125 家初创企业使用。除了可以使用世界最长的连续可书写服务外（即附于办公区域内墙上的连续白板），在滨海公园大道 1 号(One Marina Park Drive)工作的这些公司还可以获得免费法律咨询和公关支持，并会被有针对性地介绍给客户和投资者。

3）网址

网址为：https://masschallenge.org/。

第3章

风险投资基金：投资创新活动

1. 美国红杉资本

1）机构概况

美国红杉资本（Sequoia Capital）于 1972 年在美国硅谷成立，是一家旨在致力于帮助创业者成就基业长青、为成员企业带来丰富的全球资源和宝贵的历史经验的伟大公司。48 年来，红杉资本投资了众多创新企业和产业潮流的领导者，享誉全球创业风投领域。

红杉资本共有 18 只基金，超过 40 亿美元总资本，总共投资超过 500 家公司，其中 200 多家成功上市，100 多家通过兼并收购成功退出。其投资而上市的公司总市值超过纳斯达克市场总价值的 10％。Apple、Google、Cisco、Oracle、Yahoo、LinkedIn 等众多知名世界 500 强公司都有红杉资本的身影。以 8 年为周期，红杉于 1992 年设立的 6 号基金的年化内部回报率（annualized IRR）为 110％，1995 年设立的 7 号基金的内部回报率为 174.5％。相对而言，行业内部回报率的平均水平在 15％～40％之间。

目前，红杉资本在美国、中国、印度三个国家设有本地化的基金。红杉资本 2005 年进入中国市场，15 年间专注于科技/传媒、医疗健康、消费品/现代服务、工业科技四个方向的投资机遇，投资了美团点评、今日头条、滴滴出行、大疆科技、京东金融、快手等估值超过百亿美金的独角兽公司。在胡润研究院发布的《2019 胡润全球独角兽活跃投资机构百强榜》中,红杉资本排名第 1 位。

2）运行机制

以投资 WhatsApp 为例,分析红杉资本的投资理念和运行机制。

一是以用户体验为导向选择目标。红杉资本之所以会选择投资 WhatsApp,主要是因为其体现出目标驱动的特征,和同时期的其他产品迥异。比如很多公司会花大精力去吸引新用户,却不太关心用户体验。然而,WhatsApp 的创始人们被认为是反传统的,他们只专注于当前用户对其产品的活跃参与,坚持不用广告盈利,并且保持了用户体验的简洁性。这是 WhatsApp 在商业与产品上的哲学,"产品好、用户体验佳—用户为产品付费—无广告—用户体验好",形成了商业闭环。截至 2014 年,WhatsApp 仅有 32 名工程师,相当于 1 名开发者支持 1400 万用户,这惊人的比例业界从未听闻,其所搭建的服务稳定、延迟短,每天利用 Erlang 编程语言跨越 7 个平台处理 500 亿条消息,且保持 99.9% 的正常运行时间。2014 年,WhatsApp 拥有了 4.5 亿的活跃用户,比其他任何一家公司达到如此规模的时间都要短。难以置信的是,WhatsApp 当时的日活跃用户(针对那些仅是每月登录的用户而言)已经攀升至了 72%。整个行业的标准水平也不过 10%～20% 之间,仅有少数公司达到了 50%。即便按照世界上最牛的科技公司的标准,WhatsApp 也依旧脱颖而出。

二是以唯一投资者身份进行融资。2011 年,作为 A 轮融资的唯一投资者,红杉资本向 WhatsApp 投资了 800 万美金。在之后的 B 轮融资中,红杉资本也是唯一投资者,2013 年追加投资 5200 万美元。当风险投资机构以这种信念进行投资时,就会获得很大一部分的股份,而不是与其他风投机构挤在一起去完成相关的交易。相对而言,Twitter 在筹集 6000 万美元融资的时候,已经吸引了十几个外部投资者,在退出时,其 A 轮融资的领投者 Union Square Venture 仅拥有 Twitter 5.9% 的股份。WhatsApp 与 Twitter 的融资记录对比如表 3-1 所示。

表 3-1　WhatsApp 与 Twitter 的融资记录对比

项目	子项目	WhatsApp	Twitter
A 轮	融资额	800 万美元	500 万美元
	投资者数量	1	8
	领投者	红杉	Union Square Venture
B 轮	融资额	5200 万美元	1500 万美元
	投资者数量	1	6
	领投者	红杉	Spark
C 轮	融资额	N/A	3500 万美元
	投资者数量	N/A	6
	领投者	N/A	Insight Venture Partners

尽管 WhatsApp 在扩展到数亿用户时，收入还是微乎其微，红杉资本依然坚信 WhatsApp 的前景必定是光明的。当红杉以 15 亿美元的估值累计融资投入 6000 万美元时，WhatsApp 的收入为 2000 万美元，收入与估值比相差 75 倍。WhatsApp 的融资记录与公司估值如表 3-2 所示。

表 3-2　WhatsApp 的融资记录与公司估值

项目	A 轮	B 轮	收购
融资额	800 万美元	5200 万美元	N/A
公司估值	7840 万美元	15 亿美元	220 亿美元

2014 年，Facebook 以 220 亿美元的价格收购 WhatsApp，成为有史以来对风投支持的公司最大的收购交易。这对于 WhatsApp 唯一的风投——红杉资本（拥有大约 18％的股权）而言，是一个巨大的胜利，其 6000 万美元的投资变成了 30 亿美元，总体回报为 50 倍。

3）网址

网址为：https://www.sequoiacap.com。

2．新加坡 Jungle Ventures

1）机构概况

Jungle Ventures 成立于 2012 年，专注对亚太地区早期创业项目（A、B

轮、选择性 Pre-A 轮)的投资,重点关注本地消费品牌、数字化企业服务以及具有技术优势的亚洲企业,其投资组合包括经济连锁酒店品牌 RedDoorz、电商平台 Moglix、金融科技公司 Kredivo 和企业云服务平台 Deskera 等。

截至 2019 年底,Jungle Ventures 完成第三只基金募资,募资额达 2.4 亿美元。LP 来自全球知名机构,包括德国发展金融机构 DEG、世界银行旗下国际金融公司 IFC、曼谷银行旗下基金 Bualuang Ventures、荷兰开发银行 FMO、思科投资和新加坡主权基金淡马锡等。

Jungle Ventures 主要通过收购实现退出。成功的交易包括 2015 年由 Twitter 收购的印度营销创业公司 Zipdial 和 2013 年由 HomeAway 收购的旅行技术创业公司 Travelmob。成功退出的平均投资回报率为四倍。由于收购时间较短,内部收益率(IRR)为 300%。IRR 是衡量潜在投资盈利能力的指标。

2)运行机制

以投资 TookiTaki 公司为例,分析 Jungle Ventures 的投资理念和运行机制。

一是聚焦高成长性企业。TookiTaki 最初是一家广告技术公司,帮助用户解决在社交媒体网络和其他在线平台上在哪里打广告的问题。经过不断发展,TookiTaki 扩大其业务范围,为客户提供数据分析以及有关客户行为、市场营销和产品销售的预测服务。TookiTaki 的竞争对手包括为公司解读社交媒体数据的 Quantifand 以及自动购买针对性在线广告的 Taykey,TookiTaki 的不同之处在于:它着眼于从不同来源收集多个数据集,包括公开数据和线下数据,并利用这些数据集预测消费者行为,能够更有效地帮助客户规划营销和销售活动。此外,它主要通过人工智能、机器学习、分布式系统等技术为企业提供反洗钱等合规软件解决方案。作为其分析基础的预测模型结合了公众数字信息与突出投资回报率的反馈环。目前,TookiTaki 在新加坡、印度和美国三地设有办事处,大华银行、法国兴业银行都是该公司的软件用户。

二是全程参与企业融资。2015 年,TookiTaki 筹得 100 万美元的种子资金，由 Jungle Ventures 领投，Rebright Partners 和 Blume Ventures 跟投。该资金用于扩大 TookiTaki 作为软件平台在东南亚、日本、澳大利亚和新西兰的新市场，此外，种子资金的一部分也用于研发。2019 年 3 月，TookiTaki 宣布获得 750 万美元 A 轮融资，由 Illuminate Financial 领投，现有投资者 Jungle Ventures、Enterprise Singapore、Supply Chain Angels、VWX Capital 和多位高级银行高管跟投。TookiTaki 计划利用这笔资金继续加强研发能力。2019 年 10 月，TookiTaki 宣布完成了一笔 1170 万美元的 A 轮融资，联合领投方包括风险基金 Viola Fintech 和全球风险投资公司 SIG Asia Investment，参投方包括野村控股（Nomura Holdings）旗下风险投资部门野村创业投资有限公司合伙公司、Illuminate Financial、Jungle Ventures 和新加坡政府旗下投资机构 SEEDs Capital Pte. Ltd。未来，TookiTaki 计划利用这笔资金继续加强研发能力。

三是强化投后管理标准。Jungle Ventures 的投后管理标准同样也是对每个投过的项目给予相应的协助。除了资源的支持，Jungle Ventures 协助项目进行新一轮融资的能力也是业内闻名，在第一期和第二期资金投过的项目里面，已经有好几个成功的退出案例，其多数被大公司收购，这也是项目有价值的表现。要享受这样"一条龙"的服务，项目本身的质量必须要好，筛选项目时要严格，对待每个投资项目自然更要负责。

3）网址

网址为：https://www.jungle-ventures.com/。

第4章

新型研发组织：构建创新网络

1. 欧洲创新与技术研究院

1）机构概况

欧洲创新与技术研究院（European Institute of Innovation and Technology，EIT）成立于2008年3月，总部设于匈牙利的首都布达佩斯，总部现有工作人员40名。欧盟认为推动技术创新必须整合资源，将知识三角中的教育、科研和生产三要素有效结合起来。EIT即为增强研发创新能力、促进可持续增长和提高竞争力而建。EIT的宗旨是：整合欧盟各国高等教育机构、企业及研究机构的研发创新资源，建立公私伙伴合作机制，实现欧盟产学研用无缝对接，探索有效促进研发成果转化、实现科技卓越的道路，促进欧洲研究区建设及科技融合，增强欧盟竞争力。

EIT下设知识创新共同体（Knowledge and Innovation Communities，KICs），每个共同体由5或6个联合创新中心（CO-Location Centers，CLCs）组成。成立之初，EIT建有3个知识创新共同体，分别是：气候变化知识创新共同体（KIC-Climate）、信息通信知识创新共同体（KIC-ICT）、新能源知识创新共同体（KIC Inno-energy）。3个知识创新共同体共有17个联合创新中心，分布于12个欧盟国家，涵盖全欧洲数百家顶级大学、科研机构和创新企业(包括 66 所大学、53 所研究机构、76 家企业、11 个地方和区域组织)。
2014—2020 年间，新建 6 个知识创新共同体，分别涉及：卫生健康与老龄
化、食品安全、原材料、价值增值制造、智能化安全社会及城市交通。EIT 机
构设置情况如表 4-1 所示。

表 4-1   EIT 机构设置情况

序号	下 设 组 织	组织形式和内容
1	知识创新利益共同体 (Knowledge and Innovation Communities，KICs)	KICs 是独立法人，是由高等教育机构、科研院所、创新型企业组成的伙伴合作组织，是 EIT 的运作核心，其宗旨是：通过产学研无缝连接，吸引政府研发经费，带动企业和社会资金，提高创新能力，促进科研成果转化，开发新产品和新市场。KICs 的目标是实现 3 个转变：①将概念转变为产品(from idea to product)；②将实验室成果转变为市场竞争力(from lab to market)；③将学生转变为企业家(from student to entrepreneur)。KIC 的伙伴单位包括：企业、研究与技术机构、高等教育机构、投资机构(私人投资者、风险基金)、研究基金、慈善机构、基金会、地方/区域和国家政府。根据 EIT 管理规定，KIC 至少要包括 3 个独立的伙伴机构，且 3 个伙伴单位必须位于 3 个不同的成员国，其中，必须包括一个高等教育机构和一家私有企业
2	联合创新中心 (CO-Location Centers，CLCs)	CLCs 作为 KICs 的一个节点(node)，将不同组织机构、不同产业领域、不同地区，甚至不同国家的研究力量结合在一起。在 CLCs，来自创新链条不同环节的创新人员将开展面对面交流，本着一个共同目标，以最有效的方式开展联合攻关和知识转移

2) 运行机制

一是实行以管理委员会为核心的组织管理形式。EIT 设有管理委员会
和执行委员会。管理委员会是 EIT 的最高管理和决策机构，负责宏观战略
规划、监督评估及经费预算等重大事项的决策管理，由来自高校、科研机构、
企业的 22 名委员组成；执行委员会负责执行管理委员会的决策，由管理委

员会中的 4 名代表委员组成,主席由管理委员会的主席兼任。对于知识创新共同体,最高决策机构是知识创新共同体代表大会,代表由加盟知识创新共同体的合作伙伴选举产生,对知识创新共同体的发展战略和规划、重大项目活动等进行决策管理。知识创新共同体设有执行指导委员会(Executive Steering Board),负责落实代表大会的决定,委员由各联合创新中心和主要合作伙伴代表组成。执行指导委员会任命知识创新共同体首席执行官。知识创新共同体的管理团队包括:首席科技官、首席运营官、市场与联络部、教育培训部、研发部和商业开发部,各部门负责人由首席执行官任命。

二是实行以欧盟财政资金和捐赠为主的经费来源模式。EIT 的经费来源于欧盟财政资金支持、私有企业投入、慈善机构捐款等社会资金。自 2008年 EIT 成立以来,欧委会每年提供财政经费 3.09 亿欧元,用于支持 EIT 的日常管理、知识转移、网络建设、创业培训项目等工作。在《地平线 2020》计划中,欧盟将进一步加大对 EIT 的经费支持力度,2014—2020 年间,EIT 的总预算达到 31.8 亿欧元,占《地平线 2020》计划总预算的 3.5%。知识创新共同体的经费来源多元化。EIT 提供知识创新共同体总经费的 25% 作为种子资金,其余 75% 由知识创新共同体自筹,包括:申请成员国国家教育或研究理事会资助、欧盟竞争性资金(如框架计划、结构基金)、企业及私人基金会赞助、项目参加单位自有资金及人力物力投入等。2010—2012 年,知识创新共同体自筹资金占总经费的 78.5%,其中,企业投入 38.5%,成员国和区域政府 21.5%,欧盟竞争性资金 13.5%。知识创新共同体创新项目包括:项目组织管理和协调、创业硕士、博士培训项目、人员交流计划、成果孵化和创业活动、知识产权管理等。

三是有效促进产学研相结合和合作研发创新。EIT 组建的知识创新共同体,与传统的研发创新机构相比,不同之处在于建立了连接整个创新链条,包括教育、科研和企业等各创新主体在内的利益共同体。在这种多元化、跨领域的共同体中,建立互信合作机制,统一和协调各方利益,是一个具有挑战性的问题。知识创新共同体作为一个独立法人实体运作和管理,对进入共同体的各利益攸关方的责、权、利进行了严格规范,从而使合作伙伴关系更为稳定。知识创新共同体的合作伙伴,利益互补、资源共享、联合攻关,共同开发新产品、新服务,将创意、技术、商业模式有效转化为生产力和产品,是促进产学研相结合的创新举措。在项目实施过程中,知识创新共同体根据项目需要,还与欧洲区域研究创新网络(European Regions Research and Innovation Network)建立了广泛合作,与包括 90 多个欧洲区域的政府和区域组织、企业和私有组织,开展广泛领域的合作研究与创新,研发领域包括:新能源与可再生能源、智能型城市、绿色交通、节能环保、应对气候变化等全球性挑战问题。知识创新共同体的合作创新机制,将对应对和解决关键社会挑战问题,开辟新的途径。

四是高层次创新与创业复合人才培养模式。拥有众多著名大学加盟的知识创新共同体的一个重要职能是:开展创业教育和培训,以提高创造、创业、创新能力为核心,培养新一代具有创新技能和创业精神的复合型人才,满足商业和社会需要。EIT 鼓励大学改革研究生教育体系,将科学研究、企业管理以及多学科技能有机整合,开设专门培养创业人才的硕士和博士培养项目,为社会培养高层次创新创业人才。这种创业硕士和博士培训项目,已经成为 EIT 满足企业和社会需求、培养创新与创业技能相结合的复合型人才的一个重要品牌,是欧盟推进技术创新和成果转化、提高企业市场竞争力的一个创新举措。目前,EIT 已在新能源、可再生能源、智能城市建设、数字信息、气候变化领域开设创业硕士项目。开展的博士研究方向有:可持续可再生能源、智慧城市、智能电网与储存等。KIC-ICT 和 KIC-Climate 分别建立了博士培训中心,在现有的博士培训项目中,增加了创业知识和技能、企业管理、商业和市场开发等内容。保证创业培训项目的质量,EIT 实施了强化学习质量模式(Learning Enhancement Quality Assurance Model, EIT-EL-QA Model)。该模式按照培养创新和创业人才目标要求,对培训项目的创造性、创新性和创业性规定了质量认证标准,对符合标准的学员颁发 EIT-EL-QA 证书。EIT 培养创新、创业复合型硕士和博士项目,已成为欧盟的重要品牌。

3）网址

网址为:https://eit.europa.eu/。

2. 英国弹射中心

1）机构概况

英国弹射中心（UK Catapult Centers）计划启动于 2010 年 10 月，由英国政府资助、英国技术战略委员会建设，定位于世界级技术创新中心。中心旨在促进英国的科技成果产业化，加快打造科技与经济紧密结合的技术创新体系。弹射中心的建设定位侧重于新兴技术领域，旨在促进英国在这一领域具备世界领先地位，进而在价值链高端占据重要份额。目前，英国已建成 11 个弹射中心，主要包括：高价值制造（High Value Manufacturing）、细胞与基因疗法（Cell and Gene Therapy）、运输系统（Transport Systems）、近海可再生能源（Offshore Renewable Energy）、卫星应用（Satellite Applications）、数字化（Digitals）、未来城市（Future Cities）、能源系统（Energy Systems）、精准医疗（Precision Medicine）、医药研发（Medicine Discovery）、复合半导体应用（Compound Semiconductor Applications）。弹射中心建设秉承新建与改建相结合的原则，如高价值制造以及卫星应用弹射中心利用了已有投资和基础，而细胞与基因疗法以及未来城市弹射中心则是完全新建的。

弹射中心具有网络化协同运行的特征。目前，数字化、精准医疗、卫星应用三个弹射中心分别建立了区域中心，并联合组成弹射中心网络。如数字化弹射中心网络由坐落在伦敦、桑德兰、北爱尔兰、布莱顿和约克的五个中心组成。2015 年成立的精准医疗弹射中心落户在剑桥生物医学园，同时分别在曼彻斯特、格拉斯哥、利兹、卡迪夫、牛津和贝尔法斯特等地拥有区域中心，共同组成精准医疗弹射中心网络。未来，英国政府还将在绿色经济、气候变化适应、机器人、基因组学、下一代计算、物联网、智能弹性基础设施、食品安全、低碳交通、非动物实验技术和合成生物学等重点领域建设弹射中心。

2）运行机制

一是弹射中心的管理采取"政府＋企业"的模式。 在监管管理方面，由"创新英国"（Innovate UK）下设的咨询监督委员会（Advisory Oversight

Committee)负责监管所有弹射中心。在运作管理方面，每个弹射中心都是非营利的独立法人实体，董事会以及执行管理团队负责中心的运营，并对中心各类工作提供指导。各弹射中心在具体运作过程中有很大的自主性，"创新英国"只是规定其发展目标，中心可以根据情况调整需求和商业模式。各中心有义务围绕各自目标和核心业务制定商业计划、有独立的资产和负债、独立的设备和设施及知识产权所有权和管理责任。

二是实行以竞争性收入为主的经费来源模式。英国弹射中心的资金投入方式与德国弗朗霍夫研究院类似，均包括竞争性收入和非竞争性收入。每个弹射中心的资金来源主要分为三类：一是来自企业的合同收入，约占中心全部收入的1/3；二是来源于公共和私营部门共同资助的合作研发项目，约占中心全部收入的1/3。以上两部分均属于竞争性收入；三是政府直接下拨的核心补助，约占中心全部收入的1/3，由英国技术战略委员会提供，每年每个弹射中心500～1000万英镑，投资周期5～10年。其中企业合同研究资金和合作研发项目资金主要用于人力费用和启动项目。政府的核心补助资金则主要用于基础设施建设和设备购置，投入比例与各个弹射中心在建设过程中是否使用已有设施和设备相关。

三是注重以知识产权转移的形式推动研发成果扩散。根据项目来源的不同，弹射中心通过专业透明的管理方式进行知识产权管理，鼓励协作以及知识产权的开发利用，从而实现研发成果的产业化。知识产权在中心及其客户和合作伙伴之间的归属安排遵循以下原则：足够灵活以适应不同规模的合作伙伴和客户；以促进增加行业利益为目标，管理新技术的发展、保护和开发，鼓励了解现有第三方知识产权权利；不给中小企业以及其他客户造成额外负担。根据项目任务来源的不同，中心对取得的研发成果有不同的安排：一是仅在政府核心补助下完成的工作成果，将通过合适的授权、分拆及其他灵活方式向企业提供知识产权；二是公共和私营部门共同资助的合作研发项目成果，由所有合作伙伴协商知识产权分享机制；三是企业合同研究成果，合同中将明确新知识产权的开发、共享权利。

3）网址

网址为：https://catapult.org.uk/。

3. 江苏省产业技术研究院

1）机构概况

江苏省产业技术研究院（Jiangsu Industrial Technology Research Institute，JITRI）成立于 2013 年 12 月，定位于科学到技术转化的关键环节，着力打通科技成果向现实生产力转化的通道，为产业发展持续提供技术。JITRI 由总院、专业性研究所、产业技术创新中心和企业联合创新中心组成，实行理事会领导下的院长负责制。目前，在先进材料、生物与医药、能源与环保、信息技术、先进制造等产业领域设有专业研究所 52 家，在纳米技术、医疗器械、智能装备、激光与光电、通信与网络、环保装备等领域设有产业技术创新中心 7 家，与大全集团、上上电缆、多伦科技等企业共建联合创新中心 59 家。

JITRI 始终坚持以构建技术创新的市场导向机制为基本方向，把服务中小企业和突破产业共性技术问题作为主要目标。开展合同科研、技术转移、国际交流等专业化服务，完善技术服务体系和开放性研究平台，为中小企业发展提供技术支撑。官网数据显示，JITRI 专业研究所累计转移转化技术成果 2600 多项，累计衍生孵化科技型企业近 490 家，其中已上市和拟上市的衍生孵化企业 18 家。产业技术创新中心共引进新型研发机构近 120 家，高层次人才近 1500 人，创投资金总额约 300 亿元，启动 20 余项重大产业技术创新项目。

未来，JITRI 将建设成为全球重大基础研究成果的聚集地和产业技术输出地，为产业转型升级和未来产业发展持续提供技术支撑。

2）运行机制

以江苏省产业技术研究院膜科学技术研究所为例，分析其运行机制。

作为一种典型的由南京工业大学和南京膜材料产业技术研究院有限公司共建的新型研发机构，研究所通过人才、学科、企业联动的方式，打造"实验室—工程技术研究中心—产业技术研究院—科技产业园"的创新链条，实现"创建一个学科，研发一批成果，孵化一批企业，形成一个新兴产业"的成果转化新模式，打通从"科学"到"技术"、再从"技术"到"产品"的渠道，培育出具有国际影响力的膜材料产业。

一是创建一个学科，组建一家学科性公司。南京工业大学高度重视膜技术研发，初期专门成立了校内的研发机构，提出材料化学工程的学术思想，创立了材料化学工程的新兴交叉学科，组建了材料化学工程国家重点实验室。后又提出水处理膜与特种分离膜并重的发展思路，组建了国家特种分离膜工程技术研究中心，研发出了一批具有较强创性和应用前景的成果。为了高效转化科研成果，研究所进一步探索组建了一家学科性公司，实现了陶瓷膜研究技术和产业化效率的提升。

二是组建产业技术研究院，孵化一批膜产业企业。依托南京工业大学材料化学工程国家重点实验室、国家特种分离膜工程技术研究中心的强大研发实力和科技性公司的成果转化能力，加上南京市政府的推动，组建了企业型研究院——南京膜材料产业技术研究院。研究院在借鉴产学研模式优势的基础上进一步加强创新，加入了"产业化转化"的功能，整合各种资源，以强大技术保障和资金支持，对最新的科技成果进行全方位的评估和最高效的转化。新的科技成果在研究院经过产业化检验后，就可以投入规模化生产，同时，该项成果（项目）移出研究院，进入独立运作的企业。立足"原创性的基础研究、颠覆性的技术开发、重大应用工程的实施"，不断产出高水平原创成果，鼓励教授以无形资产持股方式参与原创成果的转移转化，成熟的项目离开，新项目进来，相继孵化了久吾高科、九天高科、久朗高科、力波兴水务、久盈膜材料等多个科技型企业。

三是建设江苏膜科技产业园，形成一个新兴产业。为进一步提升科技成果转化效率和研究能力，打破管理窠臼，释放科技活力，组建了江苏膜科技产业园，创建"研究所＋专业孵化器"的一体化科技成果转化新模式；组建了"江苏膜材料产业投资基金"，为膜产业的发展提供全方位的战略和资金技术支持，实现了创新链、平台链、资源集聚链的有效对接，打造了膜领域专业化的创新创业生态体系；建设"膜科技产业园众创空间"，打造出为创业者在资金投入、资源共享等方面提供全方位支持的便捷化、全要素、开放式的创业平台。目前，园内已集聚膜科技企业近30家，成为国内乃至国际膜材料领域的创新高地和产业集群。

3）网址

网址为：http://www.jitri.org/。

4. 中国科学院深圳先进技术研究院

1）机构概况

中国科学院深圳先进技术研究院（Shenzhen Institutes of Advanced Technology，Chinese Academy of Sciences，以下简称深圳先进院）是由中国科学院、深圳市人民政府及香港中文大学于 2006 年 2 月在深圳市共同建立的，旨在提升粤港澳大湾区及我国先进制造业和现代服务业的自主创新能力，推动我国自主知识产权新工业的建立。深圳先进院实行理事会管理制度。

目前已初步构建了以科研为主的集科研、教育、产业、资本为一体的微型协同创新生态系统，由中国科学院香港中文大学深圳先进集成技术研究所、生物医学与健康工程研究所等 9 个研究平台、国科大深圳先进技术学院、深圳龙华、平湖及上海嘉定等多个特色产业育成基地、多支产业发展基金、深圳创新设计研究院、深圳北斗应用技术研究院等多个具有独立法人资质的新型专业科研机构组成。

2017 年数据显示，研究院拥有 1300 余名员工（其中海归科研人员超过 500 名）、1100 余名研究生，年科研经费规模突破 10 亿元；累计发表论文 7000 余篇，累计培养研究生 7000 余人，累计申请专利 6000 余件。2017 年，深圳先进院在专利申请量、授权量、PCT 国际专利申请量上均排在了中国科学院院属研究机构的最前列。此外，深圳先进院还通过自身科技成果转移转化以及建设的育成中心、中科创客学院等平台，累计孵化企业超过 700 家，其中估值过亿元的企业有 28 家。

2）运行机制

深圳先进院是中科院、深圳市、香港中文大学的"三方之子"，在建院之初就有着深港合作的"基因"，并利用深港优势互补、粤港澳大湾区、国际科技创新中心、深港科技创新走廊的建设机遇，依托深圳市尊重人才、尊重创新的氛围和政策，集聚了一大批国际高端科技人才，为建设粤港澳大湾区国际科创中心作出了积极贡献。

一是根植深圳，从工程、技术逐步走向科学前沿。深圳先进院提出，研究发展要遵循从"M"（生产）到"E"（工程）到"T"（技术），最后上升到"S"（科学）的发展路径。10年前，深圳先进院更多地专注于"E"，实现工程创新；此后，逐渐转入"T"，关注核心关键技术；现在，进入"S"，专注于基础研究的源头创新。从"E"到"T"再到"S"也是深圳的模式，这座城市不断向源头技术进发、提高自身创新力。深圳先进院的学科方向形成与深圳市经济与产业发展布局密切相关。围绕深圳市科技创新与产业发展重点，深圳先进院形成了生物技术与信息技术交叉融合的创新平台。在此过程中，深圳市、区两级政府提供了大力度的科研经费支持，深圳先进院的研究成果也很好地促进了深圳相关产业的聚集与发展。

二是建院之初，依托香港中文大学引进人才。香港中文大学是深圳先进院的理事会三方之一，深圳先进院全职或兼职引入多位国际知名的香港教授，组建了集成技术研究所，成立了多个研究中心，为前期的科研队伍建设与科研方向的确定作出了巨大贡献；同时，香港教授也在海外引才方面起到了非常重要的荐才作用。截至2018年，由香港教授牵头组建的研究中心已达12个，近90名港校毕业生大部分已成长为深圳先进院的科研与管理骨干。与香港教授一起开展科研工作，使深圳先进院从建设起就站在了较高的起点上，敞开了国际合作的大门。与香港高校特别是香港中文大学的合作，让深圳先进院在学术和科研方面实现了跨越式发展，扩展了国际视野，吸引了一批有国际教育背景的青年人才。

三是借助粤港澳大湾区的市场环境优势，实现学术与产业有机结合和成果产业化。粤港澳大湾区的优势在于市场环境，同时港澳地区拥有健全的知识产权保护机制、可靠的司法制度，并且国际联系紧密，是交流新理念、新技术最理想的环境。深圳先进院充分利用区域优势，与全球著名高校及科研机构积极开展合作，构建研学产资四位一体的微创新体系，打造一流的研究基地、领军人才培养基地和制造企业孵化基地。2006 年以来,深圳先进院与香港中文大学、香港大学合作共建的 6 个"中国科学院与香港地区联合实验室",领域涉及材料、生物、自动化、人工智能、新能源等,产学研合作成果丰厚,累计开展合作研究项目近百项,联合申请项目总经费超亿元,合作发表 SCI 等高水平论文 500 篇以上。

3)网址

网址为:http://www.siat.ac.cn/。

5. 北京协同创新研究院

1)机构概况

北京协同创新研究院(简称协同院)是北大、清华等 13 所大学,于 2014 年联合创建的民间的、国际性、公益性创新平台,在硅谷、香港设立分院,致力于构建全球化的"技术研发、产业发展、人才培养"三位一体协同创新体系,研发原创技术、培育新兴产业、培养创新人才,促进经济社会可持续发展。围绕现代制造、光电子、新能源、医疗器械、生物医药、环境保护等 6 个重点领域,在若干国内外著名大学设立联合实验室,研究前沿技术;同时自建工程实验室,组建专职工程技术团队,与大学联合研发工程技术;面向全球主要创新创业地区,通过技术入股组建公司、技术转让或许可等形式,推动成果产业化,将科技势能转化为经济动能。在北京规划建设占地 600 亩,并启动了美国、英国、中国香港等基地建设,将逐步形成"北京统筹、全球研发、全球转化"的发展格局。

目前,与十多所中国著名大学和约十所国际顶尖大学建立了紧密合作关系,大批世界一流教授深度参与,每年实施约五十项世界先进水平的科研项目,转移转化项目约三十项,组建创业公司约二十家,培养创新创业研究生约二百人。

2)运行机制

北京协同创新研究院在投资体系、人才培养、科技成果转化模式等方面形成了突破。

一是构建多元化投资体系。组建了全球首支知识产权基金支持科研，组建了转化基金支持产业化。由中心成员共同出资设立各中心专属的协同创新基金，形成了包括自然基金、政府专项经费、知识产权基金、协同创新子基金、银行融资及社会投资等在内的 30 多亿元的多元化投资体系，资金体系覆盖了全创新链。

二是加强专业化人才培养。与国内外大学联合采取"知行合一"模式培养创新创业研究生，研究生在大学学习专业理论课，在协同院跨校跨专业同堂学习创新创业课和以真实项目为基础组队实战，实现了在创新中培养人才、在人才培养中再创新的独特效应。率先尝试通过"产业领袖"培养计划，打破传统以考试、论文为重点的考核方式，将产业化成效作为考核标准，采取"双课堂、双导师、双身份、双考核"的模式培养产业化专门人才，打破教授直接参与企业运营而导致科研、生产难兼顾的尴尬局面。

三是试点"技术孵化"促进科技成果转化新模式。依托协同院整合配置资源，实现成果转化专业化分工，提升成果转化成功率，解决最后一公里问题。形成别具特色的成果转化模式：技术成果＋合作企业模式——知识产权"无障碍转移"，协同院的技术成果由参与合作的企业直接使用，按照销售额提成或按年付费的方式给予协同院回报；技术成果＋创业团队模式——实施"我创新你创业计划"，开放具备核心竞争力的研究成果，面向社会公开征集创业方案，成立创业企业；技术资源＋中小微企业模式——实施"中小企业协同创新工程"，为一批优秀的中小企业量身打造新技术，开放协同院技术资源，助推其快速发展；技术服务＋龙头企业模式——实施"龙头企业整合创新工程"，围绕龙头企业自身产业链规划及研发一批技术，开放技术整体解决方案，使其进一步做大做强，同时形成产业集群。

3）网址

网址为：http://www.bici.org/。

第5章

技术转移组织：促进技术转移

1. 美国斯坦福大学技术许可办公室

1）机构概况

1970 年 1 月 1 日,斯坦福大学技术许可办公室(Office of Technology Licensing,OTL)由斯坦福大学资助项目办公室副主任 Niels Reimers 创建。OTL 是斯坦福大学专门负责校内科研成果转化的机构,其目标是努力促进斯坦福大学的技术成果转化为对社会有用的工业产品,并在技术许可过程中尽可能多地产生收益,最终回馈教学和科研,进一步支持斯坦福大学的研究和教育事业。

围绕 OTL 的主要目标,OTL 形成由许可授权部、许可联络部、企业合约办公室、商标许可部、财务部、行政部、信息部等部门组成的扁平化的组织机构。OTL 的人员规模从刚成立时的 2 人,逐渐扩展到目前的 46 人,运作过程中坚持主任负责制,每个工作人员都有充分的自主权,保证了 OTL 的高效运转。

50 年来,斯坦福大学 OTL 已经成为大学科研成果向工业领域转移的最活跃、最具影响力的组织。斯坦福大学技术许可办公室所形成的大学技术许可模式已得到美国高等教育领域的广泛认可,也影响到了欧洲、日本等发达国家,成为国际高等教育领域的标杆和范本。

2）运行机制

在美国,OTL 模式已发展成为美国高校科技成果转化的标准模式,形成"从科研到商业再反哺科研"的良性循环。其优势主要在于以下几方面:

一是将专利营销放在工作首位。第三方模式下,大学虽设有专利办公室,但只负责专利保护,专利的申请和推销都交由校外专利管理公司。OTL模式则强调大学专门设立机构,亲自管理专利事务,并把工作重心放在专利营销上,以专利营销促进专利保护。

二是自收自支的经营模式。OTL 仅仅需要在成立的时候投入基本的启动资金,其后整个机构的所有花费全部从其收入中扣除。因此,OTL 对于经济效益非常重视,会对教职工和学生提交的专利申请进行严格的审查和筛选。由于大部分发明是在学校科研设备与经费的支持下得到的,所以在收入分配方面通常会遵守共享的基本原则,即总收入的 15％要作为 OTL 的运营经费,剩余的部分要均分为三份,发明者、发明者所在系及所在学院各取一份。

三是工作人员均为具备相关领域专业知识的技术经理。从一项发明的披露开始,将由一个专门的技术经理负责其全部过程,包括专利的申请、授权公司的确定等。这一系列的市场运作,要求技术经理不仅要熟悉各项工程技术,同时还要拥有金融、法律等多个专业领域的知识与经验。

四是严谨、专业的工作流程。OTL 有一套成熟有效的工作程序:第一步,发明人向 OTL 提交"发明和技术披露表",OTL 随即记录在案,并专门交由一技术经理负责此后的全过程;第二步,技术经理在与各方接触并掌握大量信息的基础上,独立决定学校是否要将此发明申请专利。由于美国专利申请的实际费用高达上万美元,因此通常的情况是先有企业愿意接受专利许可,学校才申请专利;第三步,对于专利,学校并不待价而沽,先来的企业只要具备使该项发明商业化所需的基本条件,技术经理就与之展开专利许可谈判,签订专利许可协议;第四步,OTL 负责收取和分发专利许可收入。

五是各方共赢的运作模式。对于学校而言,斯坦福大学凭借 OTL 模式,成为了全球大学技术转移的领先者,DNA 克隆技术、ADSL 电话线上网技术等都获得了巨大的成功。截至 2018 年底,斯坦福大学一共披露了12 414 项发明,专利许可数量约为 4000 项,累计收入 19.5 亿美金。对于教师而言,OTL 建立起了教师与企业之间的联系,大学教师能够从企业获得基础研究的资助和反馈信息,更好地投入研究中,形成科技成果转化的良性循环。对于所在区域而言,OTL 许可的技术是一些高技术产业成长和壮大的源泉,OTL 的技术转移与硅谷和生物技术湾的成长和发展是同步的。对于政府和公众而言,OTL 把政府资助下的大学研究成果,成功转移至企业界,增强了企业的竞争力,为以创业企业为代表的小企业增加了就业机会。

3）网址

网址为：https://otl.stanford.edu/。

2. 以色列魏兹曼研究院耶达技术转移中心

1）机构概况

魏兹曼研究院成立于 1934 年,主要从事数学、计算机、物理、化学和生物等专业的研究。1959 年,魏兹曼研究院成立了以色列第一个技术转移公司——耶达,旨在促进魏兹曼研究院专利的商业化发展。

耶达技术转移中心成立后,专门负责研究成果的应用开发和技术转移。耶达技术转移中心人员与魏兹曼的科研人员保持密切联系,并持续跟踪他们的研究成果,当发现有商业价值的成果后,会成立专门的评估小组对该项成果进行评估。通过评估后,耶达技术转移中心负责该项成果的专利写作、申请、授权及后续所有商业化运作。耶达主要通过专利许可的方式,寻找工业伙伴来实现研究院的科技成果商业化,获取专利授权费用,继而支持魏兹曼研究院的基础研究。在科技成果转化过程中,耶达技术转移中心负责从实验室到市场全过程的各个产业化步骤,成为魏兹曼研究院基础技术和商业应用的中间桥梁。

耶达技术转移中心不仅是世界上首批技术转移公司之一，同时它也是世界上最为成功的技术转移公司之一，技术许可收入位于世界前三名，年度收入在100亿美元以上。

2）运行机制

耶达技术转移中心自创立伊始的定位就是支持魏兹曼研究院成果的商业化（commercial arm），主要负责鉴定评估研究计划的潜在商业价值、保护研究所及其研究人员的知识产权、许可相关产业使用研究所创新成果及技术、在产业内为研究计划进行渠道融资。耶达技术转移中心之所以能够成为魏兹曼研究院基础研究商业化的坚实臂膀，主要得益于以下几点：

一是多样化的技术转移模式。耶达技术转移中心既能够与其他企业共同投资，也能够通过独家或非独家的形式将技术授权或许可给某一公司，甚至是非营利性的机构。对于授权，也可以有不同的协议。最常见的一种是材料转移协议，即把本来属于研究单位的一些产权转移到企业和工业中，基于此，新研发的技术可能会通过企业而得到推广。在技术转让之后，研究人员和企业仍然可获得一些资讯服务。

二是充足的科研经费保障。除去政府拨款之外，耶达技术转移中心会通过三种方式支持科研活动：第一，通过内部资金直接对魏兹曼研究院的科学研究进行资助，并从最开始建立对知识产权的保护；第二，耶达技术转移中心和一些对项目感兴趣的大公司联合投入基金对项目进行赞助；第三，设立奖励基金，对魏兹曼研究院发布的前沿性研究项目进行奖励。

三是有效的激励机制。除却充足的科研经费之外，耶达技术转移中心和研究者共同分享成果转移的收益，技术转移收入的40％归研究者个人所有，而不是实验室。院系、实验室也可以获得一部分收益，但需要在项目开展前就事先约定。这样，一旦项目被商业化，耶达可以从中获取利润，研究者也能获得较多的奖励，从而形成有效的激励机制。

四是持续支持基础研究。耶达技术转移中心可能是世界上唯一一家拥有三大最赚钱的药物专利的公司。其中一项专利就是以色列医药公司梯瓦(Teva)生产的多发性硬化症(Multiple Sclerosis,MS)药物 Copaxone。Copaxone 的基础研究开始于 20 世纪 60 年代,当时的科学家只是想研究其中的技术,他们在向老鼠注射疾病病原研究过程中发现了核心技术。一时间,并没有公司愿意购买该技术的许可证去研发。于是,科学家们继续在学院里研发,直到 16 年后梯瓦公司的出现。Copaxone 一经上市就成为梯瓦的"摇钱树",作为全球最畅销的多发性硬化症药物,其年销售额超过40 亿美元。

3)网址

网址为:https://www.yedarnd.com/。

3. 德国史太白技术转移中心

1)机构概况

德国史太白技术转移中心(Steinbeis Transfer Centers,STC)成立于1971 年,是欧洲最大的技术转移机构。史太白技术转移中心是由史太白经济促进基金会(Steinbeis Foundation for Economic Development,StW)和众多专业技术转移机构组成的网络,又称为史太白网络。史太白技术转移中心经过近 50 年的发展,已由一个州立的技术转移机构发展成为国际化、全方位、综合性的技术转移网络,吸引了各个领域的大批专家学者参与,面向全球提供技术与知识转移服务。史太白网络具有现代扁平化组织结构,由 6000 名专家组成,遍及 1100 家转移企业,年营业收入达到 1.62 亿欧元。

2)运行机制

史太白技术转移中心的核心业务分为两部分:公益性的史太白经济促进基金会和专门从事技术转移的史太白技术转移有限公司(Steinbeis Technology Transfer Ltd.,StC)。史太白经济促进基金会是整个史太白网络的中枢,设有理事会和执行委员会。史太白经济促进基金会下设史太白技术转移有限公司，该公司是史太白经济促进基金会的独立子公司。史太白技术转移有限公司管辖所有的专业技术转移中心、子公司和各种其他史太白企业。史太白网络中的各专业技术转移分中心是完成技术转移的主体，都是独立法人，完全市场化运作，自主经营，自负盈亏。其运行机制有以下突出特点：

一是集中化与分散化相结合的管理创新模式。史太白网络包括几百家技术转移中心及附属机构，这些分支机构和史太白经济促进基金会总部保持一致的发展理念和目标，机构名称也都在前面冠以德国史太白。史太白经济促进基金会负责统一宣传、统一定制服务原则和标准，史太白技术转移有限公司承担对所有技术转移中心分支机构的管理工作，并定期考核。德国史太白各技术转移中心分支机构相对独立，市场化运作是其管理集中化与分散化的另一方面。虽然德国史太白技术转移有限公司对分支机构负管理责任，但并不干涉各机构的具体运作，各分支机构既能通过基金会得到项目和任务（基金会负责对外联络及争取项目并承担项目风险），也能自主开拓市场，直接承接客户委托的项目，提供灵活、针对性的服务。各技术转移中心的成立非常灵活，各技术转移中心既可依托于已有的高校、科研院所以及公司而成立，又可由拥有技术或专利知识产权的教授或专家向德国史太白董事会提出成立转移中心的申请。

二是逐步走向成熟的市场化经营模式。德国政府在史太白网络的市场化进程中功不可没。政府在史太白网络不同的发展阶段，对症下药，不断优化政策支持方式。从一开始的完全资助，到政府采购项目，再到税收优惠政策引导，让史太白网络有时间和空间，慢慢实现从完全依赖政府，逐步转向市场化，直到完全实现市场化的发展历程。市场化后，史太白经济促进基金会仍努力通过争取政府项目的方式加强与政府合作，成为政府推动技术转移的重要力量。

三是构建以高校专家为主体的技术转移人才队伍。各地史太白技术转移中心大多基于高校和科研机构发展而来，因此吸纳了众多高校和科研机构的专家教授。这些来自各个领域的专家教授，既能承担中心相关领域的技术转移项目，也能通过与其他史太白技术转移中心专家教授共同协作完成项目,专家教授如有技术或专利等也可申请成立新的转移中心。因此,史太白网络与这些专家教授形成一种双赢的良性循环合作关系。

3) 网址

网址为:https://www.steinbeis.de/de/。

4. 美国国家技术转移中心

1) 机构概况

美国国家技术转移中心(National Technology Transfer Center,NTTC)成立于 1989 年,为非营利性的国家技术交易市场平台,主要提供整合性技术交易信息网站及专业咨询服务,目前有全职工作人员 10 名。NTTC 经费主要来自美国航空航天局、能源部(Department of Energy,DOE)、联邦小企业局(Small Bnsiness Administration,SBA)等,其主要任务是将联邦政府每年拨出 700 多亿美元资助的国家实验室、大学等的研究成果迅速推向工业界,使之尽快成为产品,提高美国工业竞争力。NTTC 服务范围涵盖美国产、官、学、研各界,目前已成为美国各联邦实验室、太空总署与美国各大学对企业界提供技术转移等各项服务的重要机构。

NTTC 组织结构包括总部＋6 个区域技术转移中心:南部技术应用中心、中部技术转让中心、东北部技术商品化中心、大西洋技术应用中心、中西部大湖工业技术中心、西部区域技术转移中心。截至目前,NTTC 对超过4000 种技术和市场范畴进行深入的技术评估,培训 6832 名专业人员进行技术转让,为政府技术提供超过 4 万套技术支援服务,并为商界进行超过 1582项特定政府技术检索。

2) 运行机制

一是"总部＋6 个区域中心"的运作模式。NTTC 从联邦实验室和部分大学的技术机构获取信息,再通过自身的网络以及与 6 个地区技术转移中心的信息网在全国范围内寻找企业,并由中心介绍实验室和企业接触,促使企业和研究机构达成技术合作意向。在这一过程中，中心的专家通过网络参与技术评估工作，同时视具体情况收取一定费用。中心利用自己的关系，帮助企业寻找所需技术。企业把所需技术发给中心，并由中心代为寻找合适的研究机构和研究成果。一般而言，中心在整个技术转移过程是一个信息交换的场所，并充当了"介绍人"和"担保人"的角色。

对于这种模式，目前中国也在效仿，科技部采用的也是总部＋6 个区域性的技术转移中心模式：总部（北京中关村）、南方中心（深圳）、东北技术转移中心（长春）、西北中心（西安科技大市场）、西南中心（成都）、东部中心（上海）、中部中心（武汉）。

二是以整合性技术交易信息平台为核心业务。 NTTC 整合性技术交易信息平台负责维护超过 700 个联邦实验室与 100 所大学每年所产生的 10 万个价值 7000 多万美元的研发成果资料，并对这些研发成果资料进行分析归类，建设成信息网站。该信息网站直接连结美国航空航天局以及各联邦研发实验室，结合各单位提供的可交易技术、小企业创新研究计划（Small Business Innovation Research，SBIR）、小企业技术转移计划（Small Business Technology Transfer，STTR）与先进技术计划（Advanced Technology Program，ATP）等技术商业化资源信息，为美国民间产业取得联邦技术资源提供重要的信息支持。

三是 NTTC 提供技术交易专业服务。 NTTC 服务项目包括专业咨询、技术交易事项辅导（包括技术授权辅导、技术评估、技术评价等）、技术商业化辅导（包括产品设计辅导、原型试验、生产制造等）以及教育培训。组织成员中的专家群擅长的领域涵盖技术转移、技术评价以及各类技术和信息的管理等，专家群可在国家技术转移中心的安排下提供专业咨询与辅导。

3）网址

网址为：https://www. nasa. gov/offices/ipp/network/nttc. html。

5. 日本科学技术振兴机构

1）机构概况

日本科学技术振兴机构（Japan Science and Technology Agency，JST）成立于 2003 年，由原日本科学技术振兴事业团改革重建为日本科学技术振兴机构，隶属于文部科学省，改革后的 JST 是独立行政法人，实行理事长负责制，重大事项由理事会讨论决定。为应对美国对日本的技术出口限制，日本将技术立国战略修改为技术创新立国战略。JST 成立宗旨是通过科技情报交流和其他科学技术基础建设振兴科学技术，在日本国家科技成果转化体系中发挥着重要作用，也是亚洲最具活力的科技成果转移转化机构。JST经费来源以政府拨款为主。JST 根据其活动内容支出其所获得的经费，大部分资金运用于新技术成果转化、促进科技情报交流、资助研究交流、科普、新技术委托研究和其他支出。主要成果体现于它所建立的多个数据库、未来科学馆及众多因它而诞生和顺利进行研究课题及研究人员的交流等方面。JST 代表性项目如表 5-1 所示。

表 5-1　JST 代表性项目

序号	类　别	计划项目主要内容
1	A-STEP 计划	JST 为促进学术研究成果尽快向产业转移，设立了竞争性的计划 A-STEP（Adaptable and Seamless Technology Transfer Program through Target-driven R&D）。这个计划以高质量的基础研究的成果、知识产权等为基础，旨在弥合学术研究成果与产业需求之间的差距，支持产学研协同研发（R&D），实现高效率和高效益的创新，以确保这样的研究成果能够服务于日本社会。A-STEP 根据研发阶段和每个具体项目的目标，确定最优的研发资金和研发周期，实现中长期研发的无缝衔接。A-STEP 计划由三个阶段组成，覆盖了自基础研究成果发展至产业成果的各个阶段。研究者可以从任何一个开发阶段申请资助，获得资助的研究者可以在当前研究阶段结束前，申请下一个研发阶段的支持。JST 还可以指定外部专家为每个在研项目提出建议

续表

序号	类　别	计划项目主要内容
2	开发先进测量和分析系统	开发先进测量和分析系统,旨在建立支持创新和原创研发的基础设施。JST 的研发立项申请关注四方面:先进测量与分析技术开发计划(Program-T),开发新颖、原创性的组件,可使先进测量和分析系统性能大幅提高;先进测量与分析系统开发程序(Program-S),开发满足前沿研究和底层制造需求的测量和分析系统;先进测量与分析软件开发计划(Program-SW),应用、数据库和平台软件开发,以促进先进测量分析原型系统的实用化;先进测量与分析原型验证/实用实现程序(Program-P),进行应用开发,通过用户测试使用,验证、提升和优化原型系统性能。开发到潜在商业化阶段(在开发结束时,可以按订单生产)。先进测量和分析系统研发的四个计划之间有相互衔接关系,Program-T 是开创性的研发,其研究成果可以作为其他三个计划的输入。Program-P 是所有前期研究成果商业化和实用化的关键阶段,是最终的产品和服务的出口。Program-SW 和 Program-S 的研发成果可以互为输入。Program-T 可由工业、学术或政府部门的单一机构执行,其余计划则需建立以团队领导者为核心的产学研协同开发团队。项目官员(Project Officer,PO)负责支持开发项目的进展,商业组织者(Business Organizer,BO)负责从商业化的角度支持项目并协助开发团队
3	创新中心(COI)计划	日本政府认为,要实现经济复苏并在未来的国际竞争中继续生存,就必须不断进行根本性的创新。因此,教育文化体育科学技术部(Ministry of Education Culture Sports Science and Technology[Japan],MEXT)于 2013 年启动了一个创新创业计划(COI STREAM)。COI STREAM 不仅要实现产业或学术界难以实现的根本性创新,而且要在日本建立创新平台。JST 负责 COI STREAM 计划中的创新中心(COI)建设任务。JST 组建并支持产学研合作团队,使他们能够应对基本的、多学科的、跨学科的、受到社会极大关注的研发挑战。合作团队活动的主要地点被称为"COI site"。公司提供团队活动的资金、人力和其他实物资源。整个研发周期内,产学研协作结构可以根据整体环境进行调整和优化。每个 COI site 都设立一个从企业来的项目负责人和一个从研究机构来的研发负责人。项目负责人负责 COI site 的管理和研究活动;研发负责人负责 COI site 总部(COI site 可以有多个地点,但要指定一个作为总部)的日常工作和研发战略计划制定等。进行协作的企业和研究机构要签订如何处理研发成果的知识产权的协议。每个 COI site 每年最多获得 10 亿日元的资金支持(包括管理费用),最长获得 9 年的支持。9 年后,COI site 应能实现自运行,成为产业创新中心,能够在一个领域进行根本性创新。每个 COI site 每年要向 JST 提交执行报告和会计管理报告

2）运行机制

一是兼具公益性和经营性的运行模式。 JST 享有政策执行职能并向社会提供普遍服务。其主要职能分为四方面：集产、学、官各方力量，大力推进基础研究、高新技术研究和应用开发研究；建立牢固的科研基础设施和信息网；招聘国内外高水平的学者到国立研究机构工作；推进技术转移和开展研究支援活动。在此基础上，JST 将自身的工作任务归纳为三项：建立研究开发战略、推动科学技术创新、构筑科学技术创新的平台。在推动科学技术创新方面，又进一步细分为推动研究开发、实现研究成果应用、推进国际化和活用产学研合作基地四项任务。在构筑科学技术创新平台方面，又进一步细分为建设数据库等工作、培养肩负下一时代责任的人才、广泛传播科学技术三项任务。在 JST 的三项工作任务中，推动科学技术创新任务的目的是开展新技术的产业化开发。

二是 JST 实行中期目标管理制。 JST 每 5 年为一周期制定中期计划，中期计划内容包括业务与事业发展、财务状况改善、服务水准提高和经营管理机制转换等，并尽可能采用量化指标形式，同时还要拟定各个年度业务推进计划。文部科学省评价委员会依据中期计划和年度计划对 JST 进行定期评价和考核。国家根据文部科学省评价委员会的评价意见，在财政预算中列支 JST 的事业运营所需资金以及列入中期计划中的固定资产建设项目资金。JST 业务经营所需流动资金可向金融机构申请短期贷款。JST 的职员属于国家公务员，但是职员的录用程序、任用标准、考核方式、奖惩措施等由理事长根据有关法规和本机构具体情况自行决定。职员的工资和福利标准参照国家公务员工资水准和民间企业工作水准制定，并在文部省评价委员会备案。

三是实行以政府拨款为主的经费来源模式。 JST 的经费来源主要由政府拨款以及业务收入组成，JST 年预算收入在一千亿日元以上，其中政府拨款占到总事业费的 90% 以上。业务收入包括向技术所有者收取技术使用费、技术转让推介费等。政府拨款主要用于委托研究关系到日本国计民生问题的科学技术或是国际上创新难度高的项目，以及独创性研究成果的培育等项目。JST的设立背景和运行机制，既保证了机构能够依法行事，也可以使机构灵活有效地执行预算，具有自主的人事权。这一方面使机构的运行更具自主性、灵活性、竞争性；另一方面强化评估和监管，有利于推动科技创新事业，兼顾了国家利益和市场需求。

四是JST形成内部产学研一体化创新链。JST围绕国家发展战略，建立了从基础研究、技术研发、工程化研究、产业孵化到技术推广完成的科技成果转移转化链条。在这一链条中，政府、大学、企业既各司其职，又紧密衔接，弥补企业不愿做或不能做而留下的研究空白。JST通过董事会、执行委员会、学术委员会等管理机构，吸纳了政府官员、企业界人士形成"外部顾问委员会"参与管理。同时，JST的网络遍及全国大学，这些大学可以免费使用他们的网络资源。JST也为企业提供样机制造、产品测试、可行性研究、新技术研发与推广、专利保护等服务。JST还无偿地为科研人员代理申请专利、为科研成果的持有者联系有意合作的企业并鼓励高校的科研成果自主经营。JST的产业化开发业务大致分为三个阶段：推动大学和公立研究机构技术专利化；"技术种子"的发掘和培养；建立"产学官"联合，支持地区创新。这三个阶段的工作主要围绕专利的获得、授权和产业化开发展开。JST通过基础研究项目获得具有较高产业价值的技术种子，之后，为技术种子提供国内和国际专利申请和授权服务，并为技术的转移转化寻找合作企业、提供产业化研究资金、投资资金等，形成了产学研一体化的创新链。

五是推动开展有助于产生新技术的研究。作为振兴科技和促进有助于新技术创新的中枢组织，JST业务活动的一个重要方面就是进行有助于产生新技术的研究。该方面的业务主要由其研究开发战略中心、社会技术中心和战略性创造事业本部等部门来完成。首先，研究开发战略中心通过举办研讨会、专题讨论会等，为科学技术政策及战略的制定者和研究人员提供能够交换意见的平台，对研究领域从宏观面进行展望，并系统地梳理出今后的重要领域、方向、课题以及实施办法等。其次，社会技术中心通过邀请多方面的相关者，就社会问题进行深入的探讨。根据探讨的结果设定可能有助于社会问题解决的、有具体目标的研究领域、研究课题，并向社会招募研究开发方案，推进研究开发活动。研究领域主要包括：情报与社会、脑科学与社会、科学技术与人类、循环型社会、社会制度/社会技术论等。战略性创造事业本部主要工作是通过研究国内外开发动向，制定研究开发战略，从而为政府相关部门提供参考信息，为战略性创造研究推动计划提供建议。

六是促进科学技术情报的交流。一方面，对国内外科学技术情报无所遗漏地收集。JST 通过建立、提供由国内外科学技术文献情报组成的数据库，为日本科学技术活动基础的科学技术情报交流作出贡献。JST 数据库的信息来源于日本国内及全世界的多达约 1.6 万种期刊、技术报告、会议资料、公共资料、征集意见稿集等。另一方面，JST 还通过科学技术文献快报、情报管理等出版物向社会公布其所收集到的国内外的科技情报。

3）网址

网址为：www.jst.go.jp/EN。

6. 日本中小企业综合事业团

1）机构概况

日本中小企业综合事业团(Japan Small and Medium Enterprise Corporation, JASMEC)成立于 1999 年，并将 1958 年成立的中小企业信用保险公库的职能纳入其中。事业团为综合性服务机构，主要为中小企业提供包括创业促进、商业升级贷款、机械设备信用保险、管理咨询和人才培训、技术升级和更新、信息化服务以及为小规模企业提供互助救济和破产救济服务。截至目前，日本约有 220 多万家中小企业受益于该信用担保体系，约占日本中小企业总数的 1/3。其中，信用保证协会的债务担保余额为 411 746 亿日元，而中小企业综合事业团为此提供的信用保险额达 180 513 亿日元。

JASMEC 的核心机构是中小企业金融公库，该机构是日本根据《中小企业金融公库法》于 1958 年由政府出资设立，是一家主要为中小企业设备资金提供信贷支持的政策性金融机构，它以"对筹措振兴事业所需长期资金有困难的中小企业提供信贷支持"为宗旨，目的在于促进中小企业的成长、发展，为难以从普通金融机构得到设备资金和长期流动资金贷款的中小企业提供金融服务,且以中小企业中规模稍大的企业为主要融资对象。中小企业金融公库的服务领域要比国民金融公库更加广泛。信用保险公库为日本在各都道府县 52 家信用保证协会提供上限为 80％的保险。中小企业向金融机构融资时,由信用担保协会对其债务进行担保,而信用担保协会承保的债务再由中小企业信用保险公库进行保险,以顺畅中小企业的融资渠道。

2）运行机制

一是以 JASMEC 为核心的双层担保融资模式。为了有效解决中小企业融资担保难问题,日本政府建立了独具特色的双层担保融资模式：第一层是信用保证协会制度,在双层担保融资制度之下是通过信用保证协会来充当中小企业的保证人,专门为中小企业的债务提供担保。信用保证协会主要的资金来源为政府拨款,该制度弱化了银行发放贷款产生的风险；第二层是中小企业信用保险制度,为了降低信用保证协会的担保风险,信用保证协会与中小企业保险公库之间签订一份合同,在信用担保协会为中小企业提供担保的前提下,若中小企业无力偿还贷款,则信用保证协会帮助其偿还,而中小企业保险公库会按照与中小企业签订的合同支付一定的保险金。由此,日本中小企业的这种双层信用担保融资模式不同于其他国家,是双层保险制度,双层担保融资模式很好地解决了中小企业和银行在融资问题上的后顾之忧及中小企业担保难问题。JASMEC 信用担保和信用保险的意义在于针对不同的中小企业设定相应的担保水平,提升中小企业的信用等级,并相应减少金融机构的信息甄别成本,使中小企业得以从金融机构取得融资。

二是提供以商业升级贷款为核心的融资支持。JASMEC 提供的商业升级贷款为中小企业提供着直接的融资支持。为促进中小企业的产业结构升级、管理水平改善以及技术进步,JASMEC 与地方政府为中小企业提供长期、低息的贷款。贷款总额的上限为项目投资成本的 80％(对小规模企业不超过 90％),其中 JASMEC 与地方政府的投资分别占到 60％和 20％。为避免投资过度并保证资金的合理使用,在贷款发放前都会对中小企业的经营和资金使用计划进行尽职调查,并进行相应的咨询。贷款发放对象主要是中小企业的合作协会和商业促进组织,以及符合《中小企业创新促进法》条件的中小企业团体性组织。贷款期限在 20 年以下(延期不超过 3 年),贷款利率为 1.5%(对符合特定法律及灾难重建项目实行零利率)。JASMEC 发放的商业升级贷款余额为 10 718 亿日元,为中小企业的管理水平提高和技术进步作出了重要贡献。

三是 JASMEC 为风险基金提供贷款。 JASMEC 还对各类风险基金提供贷款,以支持其向创业期的中小企业进行投资。JASMEC 与私营的风险投资资本共同组成有限合伙形式的风险基金,对国内处于创立初期的中小企业进行投资。风险基金除了进行股权、债券等直接投资外,还从事中小企业债务担保、风险租赁等业务。日本还鼓励个人参与风险投资,如在税制上规定对个人参与风险投资的资本利得税减到原值的 1/4。

3)网址

网址为:www.jasmec.go.jp。

7. NASA 商业化技术网络

1)机构概况

NASA 商业化技术网络(NASA Commercial Technology Network,NCTN)成立于 1992 年,为便于更有效地促进技术转让和商业化,NCTN 由技术转移协会(Tech-TracS)、技术发现者(Tech Finder)技术转移中心、6 个区域技术转移中心(Regional Technology Transfer Center,RTTC)和 10 个航天中心的商业技术转移办公室(Business Technology Transfer Office,BTTO)以及一系列的计划构成。6 个 NCTN 资助的区域技术转移中心一直帮助美国工业界研究和利用 NCTN 及其他联邦资助的技术,为公司寻找新产品,改进老产品,或解决技术问题。区域技术转移中心每年为几千名客户提供技术和商业帮助。NCTN 的所有实验中心、区域技术转移中心的技术信息都可以从网上查到。而各个中心之间、中心与总部、中心与国家实验室也都通过网络连接。美国的公司可以直接通过网络查找相关的技术转让信息,从而加快信息的交换和传递,也大大提高了技术转让的效率。

  NCTN 的技术转移中心不仅为工业界提供检索航空航天技术的服务,而且与位于 NCTN 的 10 个航天中心的商业技术转移办公室密切合作,通过组织和实施相关计划,提供全程的技术转让和商业化服务。NCTN 的技术转移中心主要组织及执行的计划包括 NCTN 孵化器计划、NCTN 小企业创新研究计划、NCTN 小企业技术转移计划以及 NCTN 的科技信息计划等。NCTN 6 个区域技术转移中心介绍如表 5-2 所示。

表 5-2　NCTN 6 个区域技术转移中心

序号	机 构 名 称	机构业务介绍
1	远西部技术转移中心	远西部技术转移中心是一个工程研究中心,位于洛杉矶南加利福尼亚大学的工程学院,涵盖了美国阿拉斯加、亚利桑那、加利福尼亚、夏威夷群岛、爱达荷、内华达、俄勒冈、华盛顿 8 个州。远西部技术转移中心采用对上百个联邦数据库信息远距离信息服务的方式,其工作人员与工业界机构和企业家紧密合作,评估和判断市场机会、专业技术和其他需要的资源。远西部技术转移中心通过提供独特的服务,如 NASA 在线资源工厂、NASA 技术机会以及沟通投资与洽谈信息等方式,加强了 NASA 与私营企业间的联系
2	中部大西洋技术应用中心	中部大西洋技术应用中心位于宾夕法尼亚的匹兹堡大学,涵盖了美国哥伦比亚特区、特拉华、马里兰、宾夕法尼亚、弗吉尼亚、西弗吉尼亚 6 个州。中部大西洋技术应用中心设计出的技术搜索方案,是一套高度专业化的系统服务方案,以技术专家的水准,创造性地帮助工业界企业在 NASA 和联邦实验室系统中遴选技术。该中心与 NASA 戈达德航天飞行中心和兰利研究中心的紧密关系,使其能有效地促进 NASA 军民两用技术产业化,进而提高美国的竞争力
3	中部大陆技术转移中心	中部大陆技术转移中心(网址：www.mcttc.com)在得克萨斯工程推广服务公司的技术经济发展部领导下工作,位于得克萨斯的学院站,涵盖了美国阿肯色、科罗拉多、爱荷华、堪萨斯、密苏里、蒙大拿、北达科他、内布拉斯加、新墨西哥、俄克拉荷马、南达科他、得克萨斯、犹他、怀俄明 14 个州。中部大陆技术转移中心直接向 NASA 的约翰逊航天中心汇报工作,主要为私营企业和联邦实验室建立联系。它重点帮助需要获取和商业化新技术的高技术制造公司

序号	机构名称	机构业务介绍
4	中西部大湖工业技术中心	中西部大湖工业技术中心由巴特勒纪念协会管理,位于俄亥俄的克利夫兰市,涵盖了美国伊利诺伊、印第安纳、密歇根、明尼苏达、俄亥俄、威斯康星 6 个州。中西部大湖工业技术中心主要与 6 个州的工业界展开合作,获取和使用 NASA 特别是格伦研究中心的技术和专项资源。每年大约有 500 家公司与中西部大湖工业技术中心及其下属会员合作,寻找新的市场和产品机会。中心提供服务的重点是解决产品计划和发展以及技术商业化中的技术问题
5	东北部技术商业化中心	东北部技术商业化中心(网址:www.ctc.org)是一个非营利性机构,位于马萨诸塞州的西自治区,涵盖了康涅狄格、马萨诸塞、缅因、新罕布什尔、新泽西、纽约、罗得岛、佛蒙特 8 个州。东北部技术商业化中心现有 7 个卫星办事处,与东北部工业界形成紧密的联系。通过东北部技术商业化中心的运作,NASA 研究中心和 NASA 主合同商与工业界建立了密切的商业合作关系,推进 NASA 军民两用高技术的产业化
6	东南部技术应用中心	东南部技术应用中心(网址:www.state.fl.us/stac)位于佛罗里达大学,涵盖了美国亚拉巴马、佛罗里达、佐治亚、肯塔基、路易斯安那、密西西比、北卡罗来纳、南卡罗来纳、田纳西 9 个州。与 NASA 的马歇尔航天飞行中心、肯尼迪航天中心和斯坦尼斯航天中心密切协作,帮助刺激 9 个州内经济的发展。为了推动 NASA 技术和特长资源的转移,3 个 NASA 中心和东南部技术应用中心组成了 NASA 东南技术联盟

2) 运行机制

一是实行以技术和商业委员会为核心的组织管理结构。 为了更好地实施 NCTN 的技术商业化计划,根据联邦咨询委员会法,专门在 NCTN 咨询委员会下成立了技术和商业委员会。该委员会在技术和商业化领域向 NCTN 提供政策、计划及其他相关方面的咨询,具体领域包括空间探索、航天技术、商业化开发政策、两用技术的目标和计划、民用航天计划和商业化的技术投资战略、集成技术、先进概念、技术商业化,同时与工业界、学术界和其他政府部门的技术合作、将技术活动与小企业计划相结合等。国家技术转让中心在全国范围内提供技术信息,为 NCTN 和联邦实验室提供技术转让和商业化服务。

二是实验中心技术转让和商业化的运行机制。NCTN 的 10 个实验中心的技术转让和商业化办公室在技术转让和商业化中扮演着非常重要的角色。以休斯敦的约翰逊中心为例,中心的技术转让和商业化办公室设有一名主任,由其主持和协调办公室的工作。其余人员主要有市场专家、商业化官员和专利律师三类。约翰逊中心主要进行空间探索方面的技术开发,包括推进器、结构、发电、储存和输送、航天医学、传感、通信、计算机和材料等,这些技术也都可以在地面上应用。

中心的主要使命是将技术和产品从政府转到私营部门。转让的方法可以通过直接的技术许可方式,也可以通过美国公司与 NCTN 合作的方式。中心的合同承包者必须报告在合作活动中开发的技术,包括想法、样机和产品等。中心的技术专家将对这些技术进行评估,并根据它们的商业化潜力来进行分类。那些具有商业化潜力的技术将被考虑申报专利并推荐到《NASA 技术概要》刊物上发布。对于那些前景非常看好的技术,中心将申报专利,并在一个合理的专利使用费比例下许可这些技术。对于那些具有商业化前景,但还需要继续开发的技术,为了避免使公司承担太大的风险,中心一般与公司采取合作研究与开发的方式,共同承担费用,成果共享,通过协议来规范双方的利益和义务。

三是建立以 Tech TracS 数据库等为核心的技术资源库。NASA 商业化技术网络负责管理和维护 Tech TracS 数据库。该数据库为 NCTN 提供技术详细目录和大量成功的转移案例,累计高达 1 亿条文献。技术发现者主要利用互联网,允许用户检索技术、成功案例及其他信息。NCTN 所有的重点中心(包括 10 个航天中心)都要向 Tech TracS 数据库提供信息,以此作为一种跟踪技术的方法,便于有潜力的技术的商业化。此外,NCTN 的 Tech Birefs 重点介绍了 NCTN 各个实验室的工作情况,以及有关技术支持的一揽子合同,其中有 CAD/CAE 软件、数据采集、电子元件/系统、机械自动化、机械制造、数字信息科学、材料、力学、光子学、传感器、软件和测试。此外还包括国际技术发展的重点。用户还可以访问年度出版物 *Spinoff*,该出版物介绍了航空航天技术的间接用户(包括个人和企业)提供的信息,这些个人和企业在他们介绍的产品和工艺的开发上全部或部分得到了航空航天技术的帮助。

四是通过多种途径宣传 NCTN 的技术成果。NCTN 实施技术转让的另一项措施是通过多种途径宣传其技术成果。使更多的潜在用户了解 NCTN 有哪些技术可以被转让。NCTN 关于技术转让的主要出版物包括《NASA 技术概要》《航天技术创新》《子公司》《技术桥梁在线》《NASA 科技信息计划》等。NCTN 的合同承办者要提交关于在从事 NASA 科研开发活动中得到的发明、改进和创新的技术信息书面报告。这些报告为《NASA 技术概要》等刊物提供了丰富的内容。《NASA 技术概要》是美国上万个政府和工业读者了解信息和解决问题的重要媒介。

3）网址

网址为：https://technology.nasa.gov/。

8．欧盟创新驿站网络

1）机构概况

欧盟创新驿站网络（Innovation Relay Center，IRC）由欧盟委员会于 1995 年建立，旨在服务中小企业的技术创新和技术转移活动。经过多年发展，成为了功能完备、覆盖面最广的泛欧洲创新驿站网络。2007 年，IRC 开始了国际化网络服务的拓展，在美洲、亚洲、大洋洲和非洲相继建立创新驿站，现已并入 EEN 网络，开展国际范围内的技术转移服务。在欧盟国家中，创新驿站主要设立在高校、商会、政府单位等国家公共机构中。在非欧盟国家中，EEN 与当地技术转移机构合作，将当地的技术转移信息平台纳入 IRC 网络，开展共享服务。目前，IRC 平台已经覆盖了欧盟 27 个国家和包括中国在内的 22 个非欧盟国家的 600 多个合作组织，其整合全球信息资源并服务于欧洲企业。

借助该平台，创新驿站可以互通有无，通过网络论坛发布供需信息，寻求更多跨地区、跨国家的合作机会；技术供给方和需求方可以申请成为 IRC

平台会员,拥有一定发布、查找信息的权限,而且会在与当地创新驿站的深入合作中,加强对技术发展和产业需求的把握,促进当地产业和企业的发展。IRC 至今已经拥有了 1.3 万余个合作技术供给方和需求方,主要为中小企业,同时参与 IRC 平台的用户还包括大型企业、科研机构、高校和行业协会等。其中具有研发能力的大企业可以借助 IRC 将技术成果进行转移,也可以选择在 IRC 中寻找适合的合作对象。科研机构和高校作为技术研发机构成为 IRC 平台重要的技术供给方。

2）运行机制

一是实行以网络秘书处为核心的组织管理结构。欧盟创新驿站由设在卢森堡的中央服务机构——网络秘书(Network Secreariatry)负责协调。网络秘书处为官方机构,由欧盟企业总公司负责管理。各国设立协调机构(National Coordinators)负责国内创新驿站项目实施。创新驿站之间通过电子公告栏系统(Business bulletin system)连接。各协调机构一般设在公共结构中,比如大学技术中心、商会、区域发展机构和国家创新机构等。

协调机构需要符合如下要求:

（1）在技术转移方面富有经验。尤其是要具有促进跨国技术转移、获取与传播研究信息、激励企业采用新技术的能力。

（2）具有较强的工作能力。

（3）具有实施研发与示范活动项目的经验。

（4）具有在该地区或国家相关机构工作的经验。

各协调机构的任务如下:

（1）帮助欧盟评价本国(区域)创新驿站的运行情况。

（2）帮助欧盟实施合适项目,保证创新驿站的工作与该国(区域)已有的研究、技术开发与示范活动项目相协调,同时避免不必要的项目重复实施。

（3）与其他计划的实施进行协调。

二是创新驿站运作和工作的主要模式。创新驿站在工作中依托覆盖范围广、深入当地产业的技术信息网络,收集企业技术需求,进而通过 IRC 平台寻找适宜的技术信息,并发布需求信息。如果已有技术信息中存在相关技术,则通过技术供给方负责的创新驿站取得供方资料,以电话、邮件等方式争取双方的合作机会,进而提供合作谈判、技术交易、跟踪服务等服务;如果目前数据库中尚没有找到相关技术,所发布的需求信息可以作为网络中科研机构、其他企业技术研发的方向,等到有意向合作的机构通过 IRC 进行联络,进而争取技术交易和技术合作。创新驿站在进行技术供需匹配的工作中,IRC 平台有效克服了不同合作信息交流的地域障碍,为供需双方争取了更多时间,提高了供需匹配的效率。与传统技术转移服务机构相比,创新驿站并不仅凭自身客户资源创建的技术供需合作,还依靠各个地区的创新驿站共享信息和客户资源。

三是实行以资助和有偿服务为主的经费来源模式。 创新驿站由欧盟政府与当地机构共同资助建立。虽然多数为非营利机构,但仍提供有偿专业化服务来增加业务收入,如资讯、培训和知识产权相关服务。创新驿站通过协助技术项目的合作,也会获得一定分享收益,通常按交易额的固定百分比(1%~2%)收费。相关研究表明,当创新驿站基础设施建设完成,并获得足够的客户资源后,创新驿站的合作分成收益和其他有偿服务收入将会成为创新驿站运作的主要资金来源。曹辉等学者曾用双边理论解释了创新驿站运行中的经济现象,认为创新驿站模式从中小企业技术需求的识别出发,以需求拉动技术开发和供给,同时解决了中小企业技术创新的困境和技术研发方的技术成果浪费问题。随着创新驿站发展越发成熟,当其具有相对独立经营能力时,服务收益也将成为加强创新驿站服务的动力。

3)网址

网址为:https://cordis.europa.eu/project/id/IRC-IRE-CU。

第6章

知识产权服务：专利资产化

1. 美国 Ocean Tomo

1）机构概况

Ocean Tomo 有限责任公司（简称 Ocean Tomo）创办于 2003 年，提供以知识产权资产为核心的意见、管理和咨询服务，包括财务专家证言、价值评估、战略咨询、风险管理、创业管理、投资和交易经纪业务服务。Ocean Tomo 基于 20 多年来在州、联邦和国际法庭等最具挑战场景所积累的知识产权估值专业经验，提供相关服务，其金融、市场和技术专家可以为自主创新的分摊价值提供独到的见解，协助客户（包括企业、律师事务所、政府和机构投资者）实现广义上的智慧资本股权价值。

Ocean Tomo 的专业团队已经完成超过 1000 项知识产权业务，价值超过 100 亿美元，其中包括 300 多项知识产权评估与 500 多项损害赔偿专家证人证言业务。成功达成数百项知识产权销售交易，累计交易金额超过 7.5 亿美元。曾为史上最大交易金额的知识产权交易担任顾问。创造出业内最成功的知识产权货币化解决方案，其中包括成功创办全球史上最早最成功的现场专利拍卖。企业的业务覆盖 100 多个不同的行业领域。

2）运行机制

Ocean Tomo 之所以成为全球领先的"智慧资本商业银行"公司，得益于以下几方面：

一是重视知识产权专家服务。 Ocean Tomo 成立之初，主要业务以专利诉讼和价值评估为主，公司的知识产权专家具有 30 多年从事专利诉讼的经验，可以有针对性地为客户解决如商标、专利侵权、反垄断、商业秘密、许可纠纷、不正当竞争等诉讼问题，并进行侵权索赔、维护客户的利益。除了专利诉讼服务外，公司的知识产权专家还涉及知识产权评估、许可或销售、投资和风险管理等服务。

二是加强知识产权战略研究。 从初创公司到 500 强企业，Ocean Tomo 帮助企业研究制定知识产权战略，积极地管理运营企业的知识产权组合，满足不同的客户群的需求。同时，帮助企业进行竞争格局分析，指导企业通过收购、许可专利等方式，降低企业研发成本。

三是开展知识产权投资。 Ocean Tomo 为具有无形资产的企业提供融资服务，帮助这些企业的无形资产作价，实现无形资产货币化和利润最大化。

四是注重知识产权风险管理。 Ocean Tomo 开发了一款专利版权信托计划的产品，该产品是第一个针对解决专利侵权的风险管理方案，旨在帮助企业解决专利侵权诉讼所面临的风险。

五是强化知识产权交易。 Ocean Tomo 为专利交易方提供了全方位的交易平台（即知识产权交易所 IPXI），通过非独家许可的方式，实现对专利价值的发现。通过提高市场的效率和透明度，促进技术的交易与转移。在交易过程中，公司提供知识产权评估、专利组合、转让定价、创业投资等咨询服务。

3）网址

网址为：https://www.oceantomo.com。

2．汇桔网

1）机构概况

汇桔网成立于2013年,是汇桔集团旗下的知识产权与企业服务科创平台,其首创"知识产权(IP)×互联网平台×智能物联网"的"知联网"方式,业务覆盖商标、专利、版权等知识产权的创造(申请、注册、登记等)与保护,以及知识产权的买卖、许可与合作,是集知识产权从拥有到交易的一站式服务平台。汇桔网一直致力于推动知识产权商品化、产业化、金融化、生活化,通过整合线上线下、国内外资源和服务,为广大企业提供汇桔云、汇桔宝等人工智能大数据云产品服务、知识产权交易与技术转移服务以及企业服务,让知识产权在流通中创造财富、在产业化运用中创造商业价值,成为企业转型升级的助推器,为行业及企业创造显著的经济及社会效益。

汇桔网是全球知识资源的连接分享与变现平台。目前,汇桔网在中国大陆设立38家分子公司,并在全球拥有中国香港、新加坡、美国硅谷、日内瓦等运营中心,现有4000＋专业技术、互联网人才及服务团队。汇桔网与37个国家和地区、100多个技术转移机构、200多所高校与科研院所建立全球技术转移合作关系,构建了一个以"知商"为核心,所有创新资源参与的可持续循环发展的商业社会体系,汇桔网是"知商生态"的发起者、建设者和代言人。

2）运行机制

汇桔网以建设"知商生态"、服务企业转型升级为战略制高点,为知识产权买卖双方提供线上线下一站式知识产权交易服务,形成整体可持续发展的商业模式。

一是优化交易品,提供经纪人等专业服务。汇桔网为客户提供商标、专利等交易品的通俗化描述,并会对客户的卖品或感兴趣的卖品做出市场化描述,提供推荐指数,优化专利技术显示内容、商标显示效果图。汇桔网还通过律师、专利代理人、技术经纪人组成的团队为客户量身定制商业计划书,促进商业合作。汇桔网为客户提供的经纪人服务,主要包括对客户提供转让、许可、合作以及延伸的相关咨询服务。对交易品的推荐、交易过程的管控、撮合、相关手续的办理服务。目前，汇桔网拥有超过50名专业交易经纪人，为客户提供一对一的全方位知识产权领域相关服务。

二是为知识产权评估融资。汇桔网为知识产权提供《资产评估报告》，这一报告可以为无形资产的交易价值提供参考，并可以通过会计事务所作价后出具《验资报告》作为企业的注册资本，也可以用做质押贷款的价值参考凭证。除《资产评估报告》外，汇桔网还引入国家知识产权局构建的无形资产价值评价体系，依托经济领域与知识产权领域的专家团队，对无形资产的法律状态、技术水平（专利）、产业化价值、投资价值四个维度进行科学的评估与评价，基于该评估与评价体系，为无形资产交易、政府部门、园区、企业、投资人等提供权威、科学的价值分析报告。

三是通过平台进行能力采购，促成买卖双方成交。汇桔网设立互联网展示平台，以展示高校、科研机构、技术达人、企业的科研实力，以及企业、科研机构等市场技术需求。平台全面开放，线上免费为买卖双方提供供需信息展示、查询、自由交易等功能，买卖双方线上即可开展轻松下单、资料提交、进度追踪、知识产权管理等工作。通过线上和线下的推送和匹配，汇桔网促成买卖双方达成技术需求和技术供给的合作，把技术问题解决能力转换成实际收益能力，使得买卖双方成为知识成果的既得利益者。

四是提供资金担保和知商认证。为保证交易行为安全可靠，汇桔网还提供第三方资金代管业务，即在双方明确交易意向后，由汇桔网作为第三方促使交易双方签订合同，买方将合同全款汇入汇桔网指定的账户，并由汇桔网代为办理官方登记手续，待登记手续生效后，汇桔网将款项汇入卖方账户。同时，汇桔网对企业营业执照或公民身份信息进行验证，赋"知"标识，并加盖时间戳，确保交易双方身份的真实有效；对用户的荣誉资质进行验证，包括但不限于高新技术企业、省市著名商标、专利金奖等，赋"已验"标识，并加盖时间戳，确保荣誉资质的真实有效；对用户发布的商标、专利、版权以及成果转化进行有效性验证，赋"已验"标识，并加盖时间戳，确保交易品的真实有效；对发布的产品进行知识产权关联性认证。

3）网址

网址为：https://www.wtoip.com/。

第7章

技术交易平台：促进技术交易

美国 Yet2

1）机构概况

Yet2 是全球利用网络进行虚拟技术交易的先驱，也是目前全球最大的网络技术交易市场平台。1999 年 2 月，由 Venrock、3I、杜邦、宝洁、霍尼韦尔、卡特彼勒、NTT 租赁、拜耳和西门子等公司的十余家国际知名企业投资成立（目前已扩展到 60 家），当时注册资本仅有 2400 万美元，总部设于美国马萨诸塞州。2002 年 12 月 Yet2 被在英国伦敦证券交易所上市的 Scipher 公司并购。结合其子公司 QED 知识财产顾问服务，2004 年 2 月 2 日取回经营主导权，Scipher 则保留 20％的股权。

Yet2 在全球设有 5 个分部，拥有 14 万用户，在 2015 年，其管理资产超过 5000 万美元。凭借 20 多年的经验，Yet2 成功地为客户提供了超过 1 万项服务，同时集聚了许多风险投资基金。Yet2 拥有广泛的全球技术人员，线下超过 9 万名技术专家帮助客户筛选项目，公司能敏锐地捕捉技术供需信息，擅长技术价值评估，为客户筛选技术投资机会，促进客户成长。其服务内容有技术许可服务、咨询服务以及会员服务，同时匹配自己的风险投资基金，为技术双方合理有效地发布技术成果或解决技术难题提供了保证，确保技术交易商业运作成果。其运作模式为市场化服务,所有服务均收费,包括信息发布费、交易费和增值服务费。Yet2 作为一个开放创新的交易平台,它连接了技术供求两端,帮助供求双方搭建了一个连接的桥梁,解决了双方的沟通障碍,进一步促进新技术和新创意的推广以及商业化进程。

2) 运行机制

Yet2 提供的满足供求双方需求的 5 种服务如下:

一是战略交易流程服务。 战略交易流程服务是 Yet2 利用自身的专业技术侦查和技术审查来源源不断为客户提供和介绍有趣的创业公司和新技术,同时让这些创业公司和新技术有机会和世界各地的开放创新的同行们点对点的接触和讨论。通过网络学习教育与服务成员同行开放性讨论来使客户了解行业中有影响力的思想家的一手独家信息。每年筛选出至少 400 家有前途的公司和企业,并通过高级过滤和技术审查程序,为其提供具体的发展计划咨询服务,并将其介绍给 Yet2 的全球合作伙伴来帮助实现更大的发展。Yet2 还会将自己侦查到的技术趋势和新兴市场机会通过简报的形式免费发送给每个服务成员。

二是有针对性的搜索服务。 Yet2 通过对市场的预判,识别创新技术和短期内达成的合作。首先,客户提出需求后,Yet2 通过与客户的密切合作深入了解客户需求,明确评选解决方案的最优结果。其次,Yet2 将该技术需求市场化,通过全球联盟网络和 14 万用户数据库来寻求解决方案。最后,过滤解决方案获得最终呈现给客户的最优方案。通过这样的服务流程,Yet2 成功地帮助客户节约了筛选和查询的时间,也兑现了"无论技术需要什么,Yet2 都将帮你找到优秀的解决方案"的承诺。

三是开放创新门户管理服务。 Yet2 帮助企业提供创新需求管理服务,保存并通过筛选标准筛选出 10% 的看起来很有创意的用户开放创新项目。Yet2 还帮助客户澄清和阐明特定的目标响应和技术需求,以提高效率。Yet2 的开放创新门户管理服务可以帮助客户节约时间,过滤响应,避免垃圾信息污染,并提供专业一致的响应者。

四是技术营销和业务发展服务。 Yet2 通过在线技术发布和推广,帮助技术卖家进行技术营销和业务发展。在线技术发布是通过在线 Yet2 市场，向 14 万用户推广技术并出售技术。Yet2 编写技术描述并通过市场网站（科技周）公布，或通过电子邮件给用户如美国宇航局等订阅 Yet2 的分支机构发送信息。此外，还会在网络研讨会上提供额外广播宣传。Yet2 通过以上方式来帮助客户做技术推广。

五是专利交易服务。Yet2 通过匿名交易的方式帮助客户隐匿其身份，并运用 Yet2 多年来的经验帮助客户取得更合理的价格成交，以实现客户利益最大化。Yet2 帮助客户评价其专利价值，准备市场所需的相关材料，为市场对专利的反响提供应对指导，并和专利购买者直接洽谈。Yet2 可以有效地连接全球买家，并且筛选出最合适的买家，从而使得交易能够顺利完成。

3）网址

网址为：https://www.yet2.com/。

第8章

生产力促进组织：提高企业生产力

香港生产力促进局

1）机构概况

20 世纪 60 年代，香港开始从转口贸易中心发展成工业中心，衍生出大量家庭式小型制造企业。根据市场的需要，当时的香港政府在 1967 年依据《香港生产力促进局条例》成立香港生产力促进局，通过政府机构的支援，总部位于九龙塘达之路 78 号的生产力大楼，致力于协助香港企业提升生产力，并鼓励香港工商界采用更有效率的生产方式，有效地运用科技创新和资源，提高产品和服务的附加值，大力促进香港工业的发展。

香港生产力促进局及附属公司有近 700 位员工（75％拥有学士及以上学位，拥有超过 200 项专业资格），有先进的制造测试设施以及一系列培训设施和支援中心（相当于各类专业服务平台，解决各企业的不同需求），每年平均为超过 1000 家企业提供一站式服务。2015 年总收入达 3.998 亿港币。

2）运行机制

一是理事会成员来自多方，贴近市场需求。香港生产力促进局的工作由理事会管辖，其成员包括一名主席和 22 名委员，来自资方、劳方、学术界、专业界和政府有关部门。理事会 30％的经费来自政府年度资助，其余的主要来自服务收费。政府部门掌握政策导向，专家有专业服务技能，劳、资代表贴近市场，具有广泛性、专业性、综合性的特点，这样的组织管理机构更贴近市场的需求，更能为企业提供及时有效的服务。

二是多元化服务与示范中心助力生产力发展。香港生产力促进局为工业界提供多元化工艺技术、可行性研究、生产管理、人事招聘、市场研究、计算机资料处理及环境保护等方面的服务。值得一提的是，他们考虑到香港制衣行业较多，特地设立了一个约由 20 人组成的制衣示范中心，任何新的管理制度、工艺流程出炉后都可先在示范中心试验，然后请企业前来参观了解，打消其顾虑，然后再在企业里推广，以促进生产力的发展。

三是多方联系，紧抓机遇促发展。为追上工业技术的最新发展并吸纳世界上的先进技术，香港生产力促进局与多个国际组织保持联系，其中包括亚洲生产力组织及联合国发展计划组织。早在 2003 年和 2004 年，香港生产力促进局抓住内地市场经济快速发展的机遇，在珠江三角洲地区分别成立了生产力(广州)咨询有限公司、生产力(东莞)咨询有限公司和生产力(深圳)咨询有限公司，为珠江三角洲地区的企业提供完善快捷的服务。在提升企业的核心竞争力的同时，生产力促进中心也能得到不断发展壮大。

3）网址

网址为：https://www.hkpc.org/zh-HK。

第9章

技术贸易专业组织：参与全球技术贸易

1. 英国技术集团

1）机构概况

英国政府于 1949 年组建国家研究开发公司（National Research Development Company，NRDC），负责对政府公共资助形成的研究成果商品化。1975 年，英国工党政府成立了国家企业联盟（National Enterprise Board，NEB），主要职责是进行地区的工业投资、为中小企业提供贷款、研究高技术领域发展的投资问题。1981 年，NRDC 与 NEB 合并，成立"英国技术集团"（British Technology Group，BTG），主要作用是许可和商业化使用公共资助的开发项目。1991 年《英国技术集团法》赋予了该集团法定地位，英国财政部是其唯一股东。

1992 年 3 月，Cinven 公司组织将政府股份转让给了由英国风险投资公司、英格兰银行、大学副校长委员会和 BTG 组成的联合财团，实现了 BTG 的私有化，1995 年，BTG 在伦敦证券交易所上市。1998 年 5 月 27 日，更名为 BTG plc，并把业务重点放在开发和商业化医学创新上。此后，BTG 采取了一系列措施拓宽技术来源，从最初着眼于国内市场，主要依靠研究院所和大学，发展成长为国际公司，业务领域涵盖欧洲、北美和日本，总部设在伦敦，并在美国费城、日本东京设有分支机构。

BTG 的 75% 以上收入来自英国以外的业务。BTG 使技术转移国际化，其成为世界上最大的专门从事技术转移的科技中介机构，拥有 250 多种主要技术、8500 多项专利、400 多项专利授权协议，每年技术转移和支持开发、创办新企业等的营业额高达 6 亿英镑，其中技术转移上千项次，支持开发项目四五百项，气垫船、抗生素、先锋霉素、干扰素、核磁共振成像、除虫菊酯、安全针等都是 BTG 成功的技术转移项目。BTG 的雇员都是具有技术和商业知识的人才，其中半数以上是科学家、工程师、专利代理、律师和会计师等。2005 年，英国技术集团将战略转型为主要针对生命科学和医药领域的创新研发和商业化运营。

2018 年 11 月下旬，波士顿科学公司宣布计划以 42 亿美元的价格收购BTG，该交易于 2019 年 8 月完成。

2）运行机制

BTG 同英国各实验中心的生物技术研究项目有着相当广泛的联系，其覆盖范围从可行性研究到跨几个年度的多个机构参加的联合研究项目。刚刚冒头的新产品或生产工艺欲从 BTG 获得投资，主要条件是它们应有相当可观的商业前景，而且最好是将来可获得专利权，但这不是必要条件。

BTG 向从事新的或具有重大经济意义的领域的开拓工作或新兴工业企业进行投资。这种投资建立在投资可回收的商业基础上，一般采取联合经营方式，BTG 占股份 50% 以上。而且，所发放的投资是通过产品销售盈利分红或生产工艺使用权等方式进行回收。

BTG 拥有从事专利权保护和专利发放业务的庞大专利部，并拥有十余个专利代理机构。因此，他们除了处理本身投资项目的发明成果外，还对集团外科研工作产生的新产品或生产工艺成品提供保护和发放许可证业务。

BTG 积极开展把技术向英国工业企业转让的业务。当持有具有商业开拓价值的发明时，BTG 便开始保护发明权，了解有哪些工业企业对此项发明有兴趣,并同工业企业签订此项发明的使用协议以及向发明者分享颁发发明许可证所得收入。

可以看出,BTG 的运行机制是通过自身卓有成效的工作,充分利用国家赋予的职权,同国内各大学、研究院所、企业集团及众多发明人保持广泛的紧密联系,形成技术开发—推广转移(销售)—再开发及投产等一条龙的有机整体,利润共享,真正起到联结开发成果和现实生产力的桥梁和纽带作用。BTG 除了通过转让技术使用获取价值外,还通过建立新的风险投资企业,把获得的巨大报酬返还给技术提供者、商业合伙人和股东。这种运作模式使 BTG 在技术提供方和技术发展方中都拥有能够共同获得利润的合作伙伴,同世界许多技术创新研究中心以及全球主要的技术公司都有密切的联系。

3)网址

网址为:https://www.btgplc.com/。

2. 联合国亚太技术转让中心

1)机构概况

联合国亚太技术转让中心(APCTT)是联合国亚太地区经济与社会委员会的一个区域性机构下的联合国区域机构。该中心于 1977 年在印度班加罗尔成立。1993 年,该中心移至印度新德里。联合国亚太技术转让中心致力于促进亚太地区中小企业的技术转让,实行了旨在加强亚太地区中小企业技术转移环境的国际性捐赠计划,对鼓励女性更多地参与技术领域工作作出了重大的贡献,并对各种技术转移相关领域提供顾问服务。APCTT 关注包括生物技术、食品加工、非常规能源、废物管理、臭氧层保护等项目领域。

亚太技术转让中心的目标是帮助会员提高发展技术、实现技术转让及运用新技术的能力、促进该地区技术转让的发展。中心的主要服务对象是中小企业,其对中小企业提供技术信息、商务信息及投资信息、进行项目配对、市场可行性调研、技术鉴定，并从事投资融资服务及市场开发。

亚太技术转让中心由理事会管理，理事会由印度政府指定的代表（将东道国的设施扩展到中心）组成，委员会选举不少于 8 名亚太地区经济与社会委员会其他成员并提名准成员，任期为 3 年。理事会至少每年举行一次会议，就工作方案的制订和实施提供咨询，并审查中心的行政和财务状况。亚太技术转让中心的主任由亚太地区经济与社会委员会任命，同时也是管理委员会的秘书。亚太技术转让中心下设技术转移服务部、环境技术部、创新管理部、信息中心和管理办公室。

2）运行机制

亚太技术转让中心有关技术转让运行机制为：与咨询顾问、技术经纪人、商会、工业协会及商业信息中心合作，提供技术转让服务；实现国际技术经纪人联网；每日更新技术转移数据库；在全世界 70 多个国家发行技术转移杂志；举办技术转移论坛及培训。技术提供方及技术需求方可以填写信息录入中心数据库，进行项目配对，对于配对成功者亚太技术转让中心将收取一定费用。

亚太技术转让中心自成立以来，一直致力于为中小企业提供可以及时获得准确信息的渠道。亚太技术转让中心创建并维护着环境无害化技术数据库，同世界各国的著名技术项目数据库建立了联系。通过网络，亚太技术转让中心可以连接全世界 2 万多名技术提供者。而且通过同各国工业联盟、工商会等组织的联盟，亚太技术转让中心紧密联系中小企业，为提升中小企业的实力举行了各种主题、各种层次的讲座、研讨会、培训等活动。同时，亚太技术转让中心在技术转移过程中提供全面的服务，如项目信息集散、项目配对、项目可行性研究一系列服务，从而为技术转移提供支持和便利。亚太技术转让中心在部分会员国发起建立了技术转移服务机构模型，并开始开发为中小企业提供支持服务的入门网站。

以"联合国中小企业技术网"中国门户为例。

2003 年，亚太技术转让中心与上海技术交易所合作开通了"联合国中小企业技术网"中国门户，它是亚太技术转让中心有效的信息交流平台，为中国的中小企业提供可以及时获得准确信息的渠道,将对中国的中小企业走向世界起到积极的、重要的推动作用。它为中国用户提供了以下几方面的服务:为中小企业提供中介及技术转移支持;增强各组织技术管理的能力;进行环境无害化技术的转移;促进妇女创业的技术转移。中国门户的开通使中国用户可以同全世界2万多名技术提供者进行联系,而且通过与各国工业联盟、工商会等组织的紧密联系,为提升企业实力提供各种主题、各个层次的讲座、研讨会、培训等活动。另外,它还可以在企业的技术革新转移过程中提供全面的服务,如项目信息集散、项目配对、项目可行性研究等一系列服务,为技术转移提供支持和便利。此外,亚太技术转让中心还致力于加强成员国技术转移中介服务机构的能力,提升中小企业的竞争能力;举行各种论坛促进各国各地区的经验交流,为高层组织或相关机构提供咨询服务,以加强他们在技术评估、知识产权评估等方面的能力。

同时,"联合国中小企业技术网"中国门户旨在培养中小企业家,快速应对市场策略;促进企业家、风险投资家等不同合作者间的交流,通过各合作者之间的帮助做出迅速决策,加强洞察市场的能力。电子教程为企业提供不同的方法组合,给企业家提供充裕的选择空间,提高综合效率,其中更有门户社区帮助企业家交流思想,工作室模块实现远程工作等。总之,中国门户面向新一代的企业,帮助培育创新型企业家,通过创新占领市场,沟通更为迅速、有效。

个性服务是亚太技术转让中心的服务特色之一。亚太技术转让中心把服务对象的技术项目分类处理。对于技术更新周期相对较长的项目,采用传统的技术转移方式;对于高新技术,亚太技术转让中心通过门户网站将服务重点从传统模式转移到互联网上,以迅捷高速的服务满足各类高新技术的转移。当然,门户网站在为高新产业服务的同时,也向各类传统行业提供服务及各种信息资源。

3)网址

网址为:https://www.unescap.org/apctt/。

第10章

科技促进组织：促进科学技术发展

1. 德国洪堡基金

1）机构概况

德国洪堡基金（Alexander von Humboldt Foundation）于 1860 年成立于柏林，基金宗旨是为取得博士学位的优秀学者提供适合个人科学生涯发展各个阶段的灵活资助。洪堡基金中央选拔委员会由 100 名各学科的德国科学家组成，在德意志研究联合会主席的主持下负责对申请者进行选拔。选拔的唯一标准是学术水平，不分国家，也没有专业限制。从 1953 年至今，有来自 100 多个国家和地区的近 1.4 万名学者得到过它的资助，其中，61%从事自然科学研究，30%从事人文科学研究，9%从事工程科学研究。截至目前，共有 49 位洪堡基金获得者荣获诺贝尔奖，为世界科技发展作出了巨大贡献。

洪堡基金资助类别包括外国学者研究奖学金、外国科学家科研奖金、马克斯普朗克合作科研奖、德国科学家研究奖学金（费奥多·吕能研究奖学金）等，奖学金每月数额为 3000～3800 马克（免税）。此外，基金会还负担旅费、配偶和孩子补贴、参加学术会议补助费等。洪堡基金的资金大部分来源于政府，包括联邦外交部、联邦教育和研究部、联邦经济合作与发展部、联邦环境、自然保护和核安全部及其他国家和国际合作伙伴的资助。德国洪堡基金主要资助项目如表 10-1 所示。

表 10-1　德国洪堡基金主要资助项目

项目名称	资 助 对 象	资助金额与周期	资 助 范 围
洪堡研究奖学金	所有国家所有专业的博士后和资深学者，无限额	博士后：€ 2650/月，6～24 个月 学者：€ 3150/月，6～18 个月	人员流动补贴、健康保险、回程交通费补贴、语言课程补贴（可授予配偶）、家庭补贴、单亲研究员的孩子津贴、为有 12 岁以下孩子的研究员提供 12 个月的延长补贴；为在其他欧洲国家的研究机构停留的研究员提供欧洲津贴；研发成本补贴；校友赞助
乔治·福斯特研究奖学金	发展中国家，新兴经济体和转型国家（不包括中国和印度）的博士后和资深学者，无限额	博士后：€ 2650/月，6～24 个月 学者：€ 3150/月，6～18 个月	人员流动补贴、健康保险、回程交通费补贴、语言课程补贴（可授予配偶）、家庭补贴、单亲研究员的孩子津贴、为有 12 岁以下孩子的研究员提供 12 个月的延长补贴；为在其他欧洲国家的研究机构停留的研究员提供欧洲津贴；研发成本补贴；校友赞助
海角—洪堡研究奖学金	巴西的获得博士学位不超过 4 年的高素质科学研究者	€ 2600/月；6～24 个月	医疗保险、人员流动补贴，研发成本津贴、家庭补贴；单亲研究员的孩子津贴；为有 12 岁以下孩子的研究员提供 12 个月的延长补贴；为在其他欧洲国家的研究机构停留的研究员提供欧洲津贴；校友赞助
费奥多·吕能研究奖学金	所有国家所有专业的博士后和资深学者，无限额	博士后：6～24 个月，学者：6～18 个月；金额根据所在国家和婚姻状况不同而不同	基本奖学金和国外津贴、配偶和子女津贴，合理范围内的回程旅费；为有 12 岁以下孩子的研究员提供的家长津贴；在德国参加重要面试或职业生涯促进会议的津贴；为跟随项目留在国外的研究人员提供最多 12 个月的返回补助；校友赞助
日本学术振兴会博士后研究奖学金	拥有博士学位的、有前途的、高素质年轻外国研究人员	12～24 个月，金额会有变动	来回机票、36.2 万日元/月的赡养费、20 万日元的安顿津贴以及海外旅行意外和疾病保险

2）运行机制

一是实行职级模式奖学金制度。洪堡基金既资助刚踏上科研道路的年轻博士后，也资助已有一定声望的专家学者，资助对象包括博士后、青年学术梯队带头人、资深学者和顶尖科学家。根据申请者的不同层次，提供更加适合其职业发展的资助。博士后奖学金将由过去的 1 年资助期，延长到 24 个月，以保证其有充裕的时间开展研究项目，为未来学术发展奠定坚实基础。资深学者奖学金规定，奖学金生可在获得博士学位后的 12 年内提出申请，资助期限为 6～18 个月，在德国逗留的时间还可在 3 年之内分 3 次完成。这为学者们提供了很大的留学服务灵活性，他们可把在德国停留时间安排在暑期。这项资助也为青年研究小组负责人和新任教授建立与德国高校和科研机构的合作提供了可能，使他们不必担心无法离开甚至放弃原有职位等事情。该基金会新设立的回访奖学金为发展中国家的学者和科研后备人才再次回访德国提供了机会。

二是提供完善的学习生活配套。学术交流方面，洪堡基金每年在罗塔赫-艾格思为洪堡科研奖金获得者举行学术讨论会，也为洪堡研究奖学金学者和他们的家属每年举行一次为期 3 周的了解德国的学术旅游，并邀请所有的客座学者和他们的家属来波恩参加年会。从 1954 年起，联邦总统在他的官邸接见所有参加年会的学者；语言学习方面，洪堡基金会资助洪堡奖学金学者和部分家属参加德语培训班学习，邀请新来的洪堡学者参加引见会；生活配套方面，为了改善客座教授在德国的居住条件，洪堡基金会在大众汽车基金会的大力支持下，在德国西部各州修建了近 50 座招待所和国际学术聚会中心。在联邦和州政府、社团、高等院校以及各基金会的共同资助下，目前共在 38 所大学内提供了 1000 套住房。

三是较自由的合作研究模式。外国学者可以自由地选择客座研究所和合作教授，只有当双方同意合作并制订出研究计划后，才能申请研究奖学金。自 1953 年以来，研究奖学金学者，有 82％在高等学校，9％在马克斯·普朗克学会的研究所，2％在大型研究机构，1％在联邦科研机构，其余 6％在其他研究所。

四是再次资助和长期联系模式。洪堡基金会对洪堡研究奖学金学者给予一定的资助之后,再结合专业愿望和他们保持联系。85％的前洪堡学者又重新得到了资助:受邀再次来德国从事短期研究工作、获得赠送科学书籍(总价值超过 600 马克)、获得参加学术会议和印刷补助(总共近 500 万马克),来自外汇短缺国家的获得赠送科学仪器(4700 马克)。与前洪堡学者保持联系的费用占洪堡基金会年度支出的 15％。洪堡基金会定期在国外举行学术座谈会和区域性大会,全部前洪堡奖学金学者和洪堡科研奖获得者均受邀参加。在这些会议上他们也可以讨论如何继续支持研究工作并加强与德国科学家的学术合作。

会议的准备工作将得到所在国前洪堡学者组织的“洪堡俱乐部”(在世界各地共有 46 个)的全力支持。在许多国家,如日本、波兰等,还成立了“洪堡学者联合会”。

3) 网址

网址为:https://www.humboldt-foundation.de/。

2. 英国维康基金

1) 机构概况

英国维康信托基金(简称“维康基金”)成立于 1936 年,是英国最大的非政府资助生物医学研究的机构,也是世界最大的私人生物医学慈善机构之一。基金会的宗旨是资助提高人类和动物健康水平的研究,资助公众对科学的认识。基金会的年度资助预算相当于英国公共资助机构医学研究委员会的资助力度,略胜于它的美国同行——霍华休斯医学研究所。维康基金每年开支约 4 亿英镑(6 亿美元),目前已资助遍及全球 30 多个国家的 300 个研究所超过 3000 位研究人员。

维康基金种类分为企划资助、个人赞助金、旅行奖学金、仪器设备补助金 4 种。其中企划资助包括共同合作计划、研究发展资助金、专于热带医学方面的奖项、人口学研究的企划赞助金。个人赞助金有:流动研究奖学金、热带医学训练奖学金、人口研究训练奖学金。其中，维康研究员基金项目为500多位独立研究人员在4～7年的时间里提供工资和研究经费；同时，基金会也为大约200多位研究人员提供3年期的项目经费，每年的经费从25万美元到50万美元不等；此外，基金会还提供大约45个项目基金，经费为200万美元，期限为5年。

2）运行机制

一是以身作则推动基金无偏见和包容性。维康基金正在资助相关研究以了解科学内部不平等的原因，拨款也更灵活以适应不同人的需求；维康基金还启动了一个名为EDIS（Equality，Diversity and Inclusion in Science and Health Research，即科学与健康研究中的平等、多元化和包容性）的交互网络，旨在激励英国科学界实现平等和多元化。维康基金自身也总在不断提高自己的包容性。目前，维康基金正在加强招聘流程、进行无偏见培训、投资种子基金，以鼓励人们发展自己的想法，提高包容性。

多元化和包容性（Diversity and Inclusion，D&I）指导小组是维康基金致力于资助科研多元化和包容性的一个重要举措。D&I顾问指导小组包括12名外部成员，他们在企业、医疗保健和高等教育以及科研环境和公众参与等多领域有丰富的D&I经验。D&I指导小组成员通过公开流程，在维康基金网站、社交媒体渠道和D&I网站发布招聘广告而招募出来。D&I指导小组每年举行三次会议，其重点是讨论维康基金如何实施D&I计划，并为D&I管理委员会提供战略性建议。具体而言，该组织致力于如下任务：

（1）帮助确定D&I的年度优先事项。

（2）讨论所面临问题的复杂性。

（3）突出平等、多元化和包容性的机遇和创新实践。

二是长期致力于推动学术开放出版。维康基金会一直致力于推荐学术开放出版，其最新动作是创办自己的开放期刊Wellcome Open Research。虽然出版内容对全世界读者免费，但是出版内容只局限于被维康基金会资助的研究，在出版政策上也采用最激进措施。Ginsparg教授是最大在线预印出版服务器arXiv.org的创办人，他希望美国的基金资助机构效仿这一做法。从维康基金会这类非营利组织的角度,学术出版是一个昂贵的消耗时间和金钱的项目。出版研究论文可能需要等待几个月,甚至几年。传统出版论文的读者还需要支付一定费用才能阅读到这些研究论文。一个补救方法是开放获取出版模式,作者预先支付然后任何人都可以免费在线阅读。这不是该基金会第一次推动开放出版的动作。eLife 就是该基金会联合霍华休斯医学研究所和德国马普研究所在 2012 年创办的开放获取期刊,由三家基金会承担论文处理费。不过最新的开放期刊采用更加激进的发行模式。新期刊鼓励作者随时将半成品的研究数据贴在期刊网站上,这样,期刊聘请的评审员和作者可以进行更加透明的交流和沟通。

三是实行"勇气和精神"筛选制度。维康基金通过面试候选人以测试其"勇气和精神"的方式来选择研究人员。评审人将更少关注纸面工作、更多关注研究的质量和重要性。基金会希望这种互动方式能创造出一种"科学家社区"。而且,基金会还会保留获得资助的研究人员申请其他经费的自由。

四是推动大众科普让更多的人了解科学和健康。维康基金将继续通过教育和公众参与的方式吸引各界人士。维康基金正计划为不同的观众提供更方便的展览空间,将与英国广播公司等组织合作,激发年轻人对科学的好奇心,鼓励更多的人成为未来的科学家。

3）网址

网址为：https://www.wellcome.ac.uk/。

3. 英国科学促进会

1）机构概况

英国科学促进会(British Association for the Advancement of Science, BAAS)成立于第一次工业革命时期的 1831 年,总部位于伦敦,由英国女王提供资助,是英国规模最大、影响最广泛的民间科普组织。其宗旨是促进科学、工程、技术的发展及公众对此的理解,同时推动科学、工程、技术对文化、经济和社会生活的贡献。促进会现下设农林、人类学与考古学、生物科学、化学、经济学、教育、工程、普通科学、地理、地质、科学史、数学、医学、物理学、心理学、社会学与社会政治共 16 个专业部门和 1 个学生组。代表性活动包括 BAAS 年会、国家科学和工程周、BAAS 科学节、优秀科普论文竞赛、科技论坛、每月一辩以及科学酒吧等。BAAS 代表性活动如表 10-2 所示。

表 10-2　BAAS 代表性活动

序号	类　　别	计划项目主要内容
1	BAAS 年会	BAAS 年会是促进会最重要、最著名的一项活动，每年轮流在英国的中心城镇举行，这是英国国内所举行的同类会议中规模最大的会议，也是定期举行的、唯一允许科学家和普通人员以平等地位参加的科学会议。年会由 16 门主要学科的人员参加：农业科学、人类学、生物化学、植物学、化学、经济学、教育学、工程学、森林学、地理学、地质学、物理学和数学、生理学、心理学、社会学、动物学。促进会还经常就某些全国或地方感兴趣的问题进行辩论，并对这些问题进行专题研究。促进会的相当一部分活动是通过专门讲座和会议向青年普及科学。随着科学社会功能的日益增强，促进会重点转向科学与社会的关系及其后果的研究
2	国家科学和工程周（National Science and Engineering Week，NSEW）	国家科学和工程周的发起，源于 1993 年英国政府发表的科技政策白皮书《实现我们的潜能》。这个具有深远意义的白皮书提出了一个名为"公众意识"的计划，这一计划旨在支持英国的科普活动。从 1994 年开始，科学周在每年 3 月份举行。它吸引了来自国内外 400 名优秀的科学家和科学传播者，向公众展示科学的最新动态。这个由 BAAS 组织举办的大型科普活动，得到了英国科学技术办公室的支持。科学周为科学家与公众之间的相互交流提供了一个良好的场所。科学周由 BAAS 和工程与技术董事会合作举办，创新、大学和技能部资助其活动经费。在英国，只要符合科学周的宗旨和要求，任何个人、团体企业、政府部门，或者其他任何机构，均可组织举办科学周的活动，或采取其他方式资助、支持科学周活动。而科学周具体项目的活动内容、形式、经费等完全由项目组织者自行决定

序号	类　别	计划项目主要内容
3	BAAS科学节	英国科促会科学节活动有着170多年的历史,是英国最大的科学节之一。科学节的宗旨之一是"为科学创造一个开放的环境"。科学节上,科学家可以有充足的机会就各自的科学领域展开交流。后因科学的职业化和专业化,科学家之间交流途径增多,BAAS的性质也随之发生改变,逐渐演变成为科学家向公众介绍各自领域研究工作的主要场所,其工作重心也转为科学与公众之间的交流,其形式包括讲座、展览、讨论会等多种形式,历时3周左右。科学节吸引了英国国内外众多优秀科学家和科学传播工作者与公众交流,让公众了解科学研究的最新发展。最近,英国科学节更是逐渐开拓网络资源。BAAS科学节给科学共同体、决策者和一般公众提供了联系的纽带,加强了三者之间的互相理解,并进一步加强了关于科学的社会问题的交流
4	优秀科普论文竞赛	该项比赛是为鼓励学生和年轻科学家进行科普创作而设计的,得到了《每日电讯报》和化工、药物公司(BAFF)资助
5	科技论坛	邀请科学家到媒体工作,就公众关心的问题开展科学家与公众之间的对话
6	每月一辩	在这个活动中,科学工作者同普通公众共聚一堂,讨论与科学有关的诸多社会和伦理问题,讨论主题则是当时的热点话题
7	科学酒吧	非正式的讨论会,每个人只要1瓶啤酒或卡布基诺,谈话就可以开始了。在这个"科学酒吧",人人可以就科学问题自由发表自己的观点

2）运行机制

一是实行以理事会为核心的组织管理体系。 英国科学促进会设有理事会和专业分部。其中,理事会有1名主席、1名执行主席、1名财务监管人、两名执行副主席和其他6位成员。专业分部是由理事会设立而为促进会提供与国内和国际专业团体建立联系的机构。理事会和各分部主席实行任期制,每个分部设1名主席,每年选1次,设1名书记员(相当于秘书),负责分部的日常工作,每5年选一次。促进会的主席也是每年选1次,在年会上进行交接班。根据BAAS关注的问题范围,专业分部的领域包括科学、社会科学、工程、数学和医学。在 BAAS 理事会成员及促进会工作人员协商基础上，专业分部负责策划每年一度的科技节的核心活动，分部委员会负责落实这些活动。分部委员会由分部的工作人员和 6 名每年由促进会会员指定的成员组成。分部由志愿者组成 1 个委员会，来组织筹备科学节的各项活动。

二是实行以捐款和赞助为主的经费来源模式。BAAS 成立之初就是由英国女王提供经费资助。目前，BAAS 的经费 80% 来自捐款和赞助。首先，促进会主要的捐款来自创新、大学和技能部（Department of Innovation, Universities and Skills），还有威尔凯姆基金会（Wellcome Trust）和皇家学会这样的非政府组织。其次，促进会的赞助经费主要来自政府部门，促进会所举办的活动，既是从促进会的宗旨出发，同时有利于英国政府的科技战略的实现。如科学节和国家科学周通过带来新的科学发现拓宽公众视野，对基于长期利益的科学政策的积极转变产生重大影响。促进会举办的活动，尤其是科学节活动在吸引外国游客、机构甚至政府部门上产生积极作用，扩大了英国政府的影响力，一定程度上提升了英国在整个国际科技舞台上的地位。另外，科学技术办公室也对其有部分资助。其他的活动经费直接产生于其举办的各种活动，如科学周活动需要观众购买门票。近年来 BAAS 年度总收入在 3000 万英镑左右。

三是通过"科学节"等活动增强公众了解科学进展的意识。英国科促会科学节由各委员会分头组织、大学申报并轮流承办、政府和企业提供资助。科学节活动项目非常多，形式灵活多样，既有报告会、辩论会等室内活动，又有科学游览等室外活动；既有适合青少年的动手实践、科学实验活动，又有供从业人员的专业交流活动。科学节的活动内容涉及人们生产、生活的方方面面，既有基因发展、器官移植等尖端科学内容，又有身边科学知识的内容；既有科学发展史的回顾，又有现代科学对社会影响的讨论。几乎任何人都能在其中找到适合自己爱好的活动，每个人都能够从中学习到科学知识，因而吸引了不同类型的公众的注意力。而且这些活动的时间、空间安排非常合理，方便每一位参会者选择自己感兴趣的内容。

3）网址

网址为：https://www.britishscienceassociation.org/。

第11章

国际科技组织：发起国际科技合作

1. 德国工程师协会

1）机构概况

德国工程师协会（Verein Deutscher Ingenieure，VDI）是德国最大的工程师与自然科学家协会，协会会员覆盖工业界、学术界、教育界等领域，其中包括来自各个不同专业方向的工程师、自然科学家及新兴的计算机工程师，独立于经济界和政治党派，是公益性、独立的工程师和科学家组织，也是世界上最大的技术导向的协会和组织之一。VDI是世界工程组织联合会的正式成员，下设45个区分会和18个专业协会，拥有正式会员约14.5万人，其中大学生和青年工程师约占1/3，是欧洲最大的工程协会。在德国，VDI是技术和工程师的代言人，VDI总部设在杜塞尔多夫市。

VDI成立于1856年，主要从事技术的发展、监督、标准化、工作研究、权利保护和专利等方面的工作，此外，还承担工程师的培养、继续教育以及给政府、议会和社会提供咨询等方面的工作，近期该协会又增加了技术转让的工作。VDI为工程师提供专业支持，并在区域、国家和国际层面提供活跃的合作交流网络。

2）运行机制

VDI 在国际科技合作中发挥着重要的作用，协会拥有大量的国外学者，VDI 还积极与国际相关领域科技社团保持紧密合作与联系，并在一些重要的科技合作中代表德国。

一是设立地区联合会。目前有 45 个国家和地区参加联合会，联合会每年举办 5300 多场活动，邀请遍布于全球的会员讨论知识、技术以及政策等方面的相关议题，促进国际科技合作交流。联合会在世界范围内蓬勃发展，现在大约有 6000 名成员在国外工作，这也使得 VDI 在阿根廷、澳大利亚、巴西、法国、意大利、北美、罗马尼亚、西班牙和南非都建立了自己的朋友圈。联合会吸引不同国家和地区的各个阶层工程人员，包括学生、新晋专业人员等。

二是组织和参与国际科技交流活动。VDI 每年都积极参与汉诺威展览，为专业领域新秀、资深专家以及管理人员提供宝贵的联系平台。VDI 定期开展知识论坛，提供近 2150 个工程方面几乎涵盖各个技术学科的活动，展示最新的跨学科以及基于实践的实用知识。VDI 还在专家的指导下举办儿童和青少年俱乐部活动。

三是开展国际技术咨询。德国工程师协会技术咨询中心是欧洲一家颇具特色的咨询企业，咨询项目邀请国际同行参与，为国际交流合作提供了平台。该技术咨询中心员工已由开始创办时的 4 个人发展到现在的 100 多人，他们知识面较宽，大多具备双重专业，其中科技人员超过总数的一半。咨询中心工作效率极高，每年接受全球的咨询委托任务达 3000 多项，这在同类型咨询机构中是不多见的。德国工程师协会技术咨询中心的主要业务集中在新兴行业，如微电子技术、传感技术、可靠性技术、接合技术、计算机软件、光电技术、激光技术、涂膜技术，以及一部分电机与机械方面的技术等。该技术咨询中心提供的咨询服务是全方位的，包括提供技术情报、开展技术咨询、进行分析预测、审批项目资助等。该技术咨询中心由于着眼于整个工业结构的更新，以新技术先行，帮助企业提高经营管理水平，强调客观中立，不走极端，制定有严格的项目保密制度，深得全球企业和联邦政府的信任，在德国的咨询同行中声誉极佳,为开展国际科技合作提供了组织平台。日本与欧盟也纷纷效仿,建立了许多这类形式的咨询机构。

3）网址

网址为：https://www.vdi.de/。

2. IEEE 计算机学会

1）机构概况

电气和电子工程师协会（Institute of Electrical and Electronics Engineers, IEEE）是世界上最大的非营利性专业技术学会,其会员人数超过 40 万,遍布 160 多个国家。自成立以来,IEEE 一直致力于推动电工技术在理论方面的发展和应用进步。作为科技革新的催化剂,IEEE 通过广泛领域的活动规划和服务支持其成员的需要。促进从计算机工程、生物医学、通信到电力、航天、用户电子学等技术领域的科技和信息交流,开展教育培训,制定和推荐电气、电子技术标准,奖励有科技成就的会员等。在航空航天、信息技术、电力及消费性电子产品等领域,已制定了 900 多个行业标准,现已发展成为具有较大影响力的国际学术组织。

IEEE 计算机学会（IEEE Computer Society）是世界上最早和最大的计算机专业人士的学会,成立于 1946 年,是 IEEE 下 39 个专业学会中最大的一家。学会现有近 10 万会员,来自 140 多个国家,其中 40% 以上来自美国以外地区。

IEEE 计算机学会致力于发展计算机和信息处理技术的理论、实践和应用。通过其会议、应用类和研究类的期刊、远程教育、技术委员会和标准制定工作组,学会在其成员中间不断推动活跃的信息、思想交流和技术创新,是全球计算机专业人士的技术信息和服务的顶尖提供者。

2）运行机制

IEEE 计算机学会面向全球会员提供了一系列的产品和服务,有效推动了相关领域与国际的科技交流。每年面向全球科研领域的专业人士主办超过 200 场技术会议和活动,出版物包括 13 个同行评审的技术期刊和 20 个学术期刊(包括 Transactions、会议论文集、书籍和各种数字产品)。IEEE 计算机协会数字图书馆(CSDL)为全球用户提供访问所有 CS 出版物的权利。通过这些活动,IEEE 计算机协会汇集国际科技资源,不仅在全球计算机行业中具有了领导地位,还保证了服务会员的各项职业发展需求,而这些又反过来扩大了学术运营活动的体量,形成了良性循环的学术生态发展环境。

一是举办学术会议。IEEE 计算机学会每年要在全世界近百个城市主办和协办 200 余场学术会议,许多学术会议在世界上影响显著,规模庞大,覆盖 4 万～5 万人,为世界计算机领域科技交流提供了重要会议平台。IEEE 计算机学会主办的一些标志性会议,如 IEEE ICRA(机器人领域顶级会议)、IEEE CDC(控制领域顶级会议)等均在业界声誉日隆。

二是学术出版与数字出版。IEEE 计算机学会的学术出版具有良好的社会声誉和学术威望,汇集国际上电气及电子工程和计算机及控制技术领域重大研究成果,IEEE 在这两个领域发表的文献占了全球将近 1/3,内容主要涉及电信、自动化、计算机硬件、计算机软件、电子、电力能源、半导体、航空航天和国防。其绝大多数期刊被 SCI 与 EI 收录,由 IEEE 计算机学会出版社出版的会议论文集有 90% 被 EI 收录。

三是制定技术标准。在现代工业化、信息化生产中,国际标准的重要性不言而喻。掌握了国际标准制定的主动权,就掌握了行业的发展方向,就站在了行业市场竞争的制高点上。作为全球最大的计算机学术组织,IEEE 计算机学会非常重视标准的制定工作,并将其定位为未来的"顶级发展战略"。IEEE 计算机学会制定的标准在多领域已成为国际标准,被国际标准化组织及世界各国广泛采用,成为世界最具权威性的标准制定机构之一。IEEE 计算机学会标准有个人会员与团体会员,其团体会员遍及全世界的知名电子与互联网企业,如微软、苹果、谷歌以及中国的华为和小米、日本的索尼、韩国的三星等。

四是开展会员服务。IEEE 计算机学会为全球工程师提供职业生涯的各个阶段的资源,汇集全球计算机科技人才,为开展国际科技交流提供人才保障。IEEE 计算机学会从会员的学生时期开始,为将来会员成为一个优秀的工程技术人才做准备。IEEE 计算机协会深厚的学术资源,再加上学会每年都制订专项会员与会员人数发展计划,重点支持和满足会员需求、会员招募和会员维持,集合了全球庞大的会员数目,为发起国际科技合作奠定重要基础。

3）网址

网址为:https://www.computer.org/about/。

3. 美国科学促进会

1）机构概况

美国科学促进会（American Association for the Advancement of Science,AAAS)成立于 1848 年,总部位于华盛顿。促进会起源于"美国地质学家学会",是全球最大的、非营利性的、综合性民间科学组织,成立宗旨是发展科学,服务社会。致力于推动学术交流、科学教育以及科技人力资源和基础设施发展,并向美国政府积极提供科技政策咨询意见。AAAS 现有 24 个科学领域学部,265 个分支机构和研究院所,将近 14 万名会员分布在世界各地,同时服务于 1000 余万名科学家。学会主要涉及 12 个自然科学和社会科学学科领域,包括天文、工程、人文科学、教育、医学、生物科学、工业、地质地理、哲学、农业食品与可再生资源、语言学和理工学科研究。

当前 AAAS 正在实施八项科学和政策研究项目、四大国际合作计划、五项教育计划和 2061 计划,并管理 7 个 AAAS 中心。AAAS 出版著名的杂志《科学》,在世界上所有同行评议的综合科学期刊中拥有最大的付费订户群。AAAS 实施的科技计划如表 11-1 所示。

表 11-1　AAAS 实施的科技计划

序号	类　　别	计划项目主要内容
1	八项科学和政策研究项目	1. 与议会协调科技中心(Center for Science, Technology & Congress)合作计划。1994 年 7 月由 Burroughs-Wellcome Fund 基金资助建立。此中心目的是定时、有针对性地向议会提供涉及当前科技问题的信息，并帮助科学和工程团体了解议会并促使他们与议员合作共处
2		2. 科技促进国家安全政策研究中心(Center for Science, Technology and Security Policy, CSTSP)。由 MacArthur Foundation 基金资助建立。其目的是集成科学和公共政策的力量来增强国家和国际安全。设有研究项目、专家库和工作计划。为了工作需要，在该中心的学术界、政策研究机构和政策决策者之间可以实现双向通信
3		3. 科学、道德和宗教之间交流对话计划(Dialogue on Science, Ethics & Religion)。帮助科学家和宗教团体互相沟通对话，研究科技知识、进步对社会发展的影响
4		4. 科技政策伙伴计划(Science & Technology Policy Fellowships)。目的是把科学能力引入到公共政策中，它帮助在联邦政策决策者和科学工作者之间建立起友好伙伴关系以支持公众政策为国家和全球谋福利。具体内容包括：帮助科学家和工程师了解制定联邦政策的复杂性；使科学家和工程师支持联邦政策制定者面对日益复杂的科技问题；鼓励科学家和政策制定者之间积极交流；授权科学家和工程师从事面向社会的与政策相关的研究工作
5		5. 联邦科技预算、政策评估计划(R & D Budget and Policy Program)。从 1976 年开始，每年春天组织 AAAS 科技政策研讨会，对联邦预算中研发经费使用和政策趋势进行分析
6		6. 研究竞争力计划 RCP(Research Competitiveness Program)。科促会设立研究竞争力计划，其目的是调动美国科学和工程机构的资源来帮助大学、政府机构、研究团体和其他研究所更好地实施研究计划、项目评论或评估以及开发和创新计划
7		7. 科学和人权计划(Science & Human Rights)
8		8. 科学自由、责任和法律(Scientific Freedom, Responsibility & Law)。此计划涉及科技研究中的伦理、法律和社会问题
9	五项教育计划	包括：1. 学校、教师和图书管理员计划(Schools, Teachers, & Librarians)；2. 孩子、家庭和社区计划(Children, Families, & Communities)；3. 高等教育研究、资源和政策(Higher Education Research, Resources, & Policy)；4. 大众科学(Science for the Public)；5. 职业和劳动力开发(Careers for All & Workforce Development)

序号	类　别	计划项目主要内容
10	2061 计划	2061 计划是 20 世纪 80 年代初,美国科学促进会开始在全国范围倡导的提高公民科学、数学和技术方面的科学素养的行动。1985 年(哈雷彗星恰好在这一年飞临地球),美国科学促进会启动了 2061 计划(在 2061 年,哈雷彗星将再次飞临地球)。该计划被称为是美国历史上在科学教育方面唯一的、最具行动性的举措
11	美国科学促进会的 7 个中心	提升科学与工程能力中心于 2004 年建立,旨在通过科学教育来提升科技能力、科学和工程能力
12		科学技术职业开发中心(Center for Careers in Science and Technology)为合作者提供信息、培训和工作机会
13		科学教科书教材中心(Center for Curriculum Materials in Science)。1989 年,美国科促会的 2061 计划出版了第一套书:《美国人科学读本》(*Science for All Americans*),作为全国科学和数学教科书深受欢迎。科学教科书教材中心作为 NSF 支持的 5 个学习和教育中心之一,与其他 NSF 的学习和教育中心一起,发挥中心的科学家、教育研究者、教师的作用,制定出国家标准的科学、技术、工程和数学教学教材
14		科技与公众互动中心(Center for Public Engagement with Science and Technology)主要研究科学进步与社会发展之间的密切关系,要求中心与公众开展公开、坦诚、多方面的双向对话,不仅要看到科技造福人类,给我们的生活带来许多美好的东西,也要注意其限制、缺陷或可能造成的危害。如胚胎干细胞研究、克隆、全球气候变化等课题
15		与议会协调科技中心(Center for Science,Technology & Congress)
16		科技促进国家安全政策研究中心(Center for Science,Technology and Security Policy)
17		科学、创新和可持续发展中心(Center for Science,Innovation and Sustainability)。该中心是科促会国际合作活动的一部分

AAAS 实施的国际计划如表 11-2 所示。

表 11-2　AAAS 实施的国际计划

序号	类　别	计划项目主要内容
1	可持续发展计划(Sustainable Development)	由科促会科学、技术和可持续发展中心执行。目的是帮助贫穷国家改善本土科技能力并实现可持续发展。科促会在开展与发展中国家合作中,主要是提升发展中国家本土的科学和技术能力,以达到使其能持续稳定增长的目的。同时鼓励开展全世界交流与合作。这项合作支持三个战略目标:促进国际科学合作;增强科技实力和劳动力;实现可持续增长

右上角：**续表**

序号	类　　别	计划项目主要内容
2	国际合作会员联盟 CAIP	CAIP(Consortium of Affiliates for International Programs)是 1976 年建立并由科促会董事会管理的跨学科的科学和工程学会国际活动网络。目前有大约 100 个科促会附属学会和 150 个外国相关会员。它鼓励实施国际合作项目和建立会员学会间的网络联系。每两年开一次研讨会
3	妇女国际合作计划	鼓励妇女在科学、技术和工程中发挥作用
4	科学和人权计划	Science & Human Rights,开展科学和人权方面的研究合作

2）运行机制

一是实行董事会制组织管理体系。董事会负责 AAAS 管理事务,其由董事会主席、会长、下届会长、司库、退休司库和首席执行官和若干董事组成。董事会主席对外称 AAAS 主席。理事会由 86 名理事组成。每年召开一次会议。理事会主席由 AAAS 董事会主席兼任。秘书长由 AAAS 首席执行官兼任。24 个学术领域的学部职责包括开办研讨会、提名 AAAS 领导候选人名单、提出项目计划和专家意见。

二是实行以会费和杂志订阅为主的经费来源模式。《科学》周刊在世界上所有同行评议的综合科学期刊中拥有最大的付费订户群,其在全球的读者总数,包括印刷版和在线版,估计为 1000 万。《科学》杂志发表来稿是免费的。其杂志的资金来源共有三部分：AAAS 的会员费、印刷版和在线版的订阅费、广告费。AAAS 对所有缴纳会费的人开放,《科学》杂志订阅者也是会员。从 2002 年开始 AAAS 会员包括《科学》网上在线订户。现全世界共有14 万会员。每名会员都会有一个由 AAAS 发放的唯一 8 位会员身份号,如00123456。AAAS 会员年费(美国/世界其他人员)标准是：专业人员 197/227 美元、博士后 154/184 美元、学生 130/160 美元。

三是每年召开年会追踪全球科技政策热点和走向。自 1848 年 AAAS在美国宾夕法尼亚州举办第 1 届年度会议起,170 多年以来,AAAS 年度会议已成为世界规模最大的科学会议,每年汇集了来自世界各国的优秀科研人员、企业家、政府工作者和工程师,探讨科技发展的新趋势和新挑战。

AAAS年会每年主题都紧追国际性科技政策的热点和走向,为我们进一步认识美国科学技术和科技政策的走向提供了一个广阔的视角。因此其年度大会不仅为来自各地的科学家提供交流和辩论的机会,也可以增加公众对科学的兴趣和了解;大会由多个部分组成,包括颁发一些科学奖项、由著名科学家做总结性和前瞻性大会报告、小规模的话题分组讨论、面向公众的展览和寓科学于娱乐之中的各类活动等;受邀请的新闻媒体介入给公众提供接触科学、掌握知识的机会。

四是实施"公众理解科学"计划增强科技意识。AAAS把"提高公众理解和正确评价科学方法在人类发展进程中的重要性和前景的能力"作为重要目标之一。促进会通过不同媒体(如印刷、广播、电视及其他电子媒体)的一系列计划,把人们的注意力吸引到增强科技意识、加强对科学技术的理解,并研究对公众进行科学传播的非传统的机制的发展。该方案目标指出,"通过发展正规和非正规教育中的高质量的项目方案支持终身学习科学技术",加强如博物馆、动物园等校外场所的科学技术普及能力,通过加强这些场所与科学家及工程师的联系,提供高质量的项目活动,将科学技术普及到各种人群。

五是AAAS的科学外交活动促进了国际科学技术合作。科学外交泛指把科技发展和外交相结合,以实现国家的外交目标,促进科学技术发展。AAAS服务美国外交大局的特点非常明显。在美国与中东、拉美以及亚洲的一些国家外交关系不太顺利时,AAAS通过科学外交搭建了国与国之间科学交流的桥梁,从而促进了整体外交的发展和国与国之间的互信。如组团访问叙利亚、朝鲜,与古巴和伊朗等国家建立科学外交关系,开展科学项目合作。通过科学纽带,使不同社会制度的国家之间进行交流,增进了解和互信。在新的国际关系大背景下,科学外交显得尤为重要。通过学习借鉴AAAS的科学外交活动,积极推荐我国科学家在重要国际科技组织任职,参与国际科技交流与合作项目,开展国际科学合作和个人交流,同时也为科学家参与科学外交组织相关的学习培训活动。运用科学外交的手段,让科学成为国与国之间的交流桥梁。

3）网址

网址为：https://www.aaas.org/。

4．国际科学园区协会

1）机构概况

国际科学园区协会（International Association of Science Parks，IASP）成立于1984年，总部在西班牙的马拉加。它是目前唯一一家全球范围的科学园和孵化器组织的网络化协会。国际科学园区协会的宗旨是帮助发展科学园，鼓励和推动科学园和孵化器之间的各种合作关系并培养成员网络化合作。其目前拥有来自77个国家和地区的342家园区会员，包括美国、加拿大、德国、澳大利亚、中国等，园区内企业数量达到11.5万家。分为亚太分会、非洲分会、欧洲分会、北美分会、欧亚分会、北非分会和拉丁美洲分会。2001年，为了便于IASP中国会员与世界网络的融合，国际科学园区协会北京办事处正式成立，目前中国有35家IASP会员单位，包括中关村国家自主创新示范区、张江高新区、东湖高新区、深圳高新工业园等。IASP每年举办一次会员大会，截至2018年，全球会议举行次数共计35场，地区会议举行次数共计133场。

2）运行机制

一是实行以国际理事会为核心的组织管理结构。 IASP最高管理组织是全体会议，组织管理的核心机构是国际理事会（International Board of Directors），理事会执行委员会由总裁牵头设立咨询委员会、全球总部西班牙办事处和北京办事处。同时理事会下设非洲部、亚太部、欧洲部、拉美部、北美部和西亚部。各分部将会员单位和全球各地的伙伴单位联系起来，确保他们随时可联系到协会全球网络中的任何人和单位，并能准确定位到可以提供某种支持的个人或组织，这一定制的网络互动支持系统由国际科技园区协会安排专人维护，通过电子邮件、网站专栏、文献档案、数据库搜索等予以实现。

二是推出"对等咨询服务"的创新模式。 IASP 聚集一大批来自世界不同国家、不同专业、不同背景的专业人士，依据他们所从事世界科技园区管理的知识和专长重新组合。将他们集中推向世界科技园区需要的地方，并与园区同行分享知识和管理经验。当有会员提出需要这种服务申请时，被选专家将应邀到访会员园区，并提供相应的咨询意见和具有实质内容建议的咨询服务，同时给出针对该园区所要解决问题的全面而独到的分析意见。这种咨询服务是一种节省成本的有效方式，因为服务只须支付专家前往该园区所需的费用，无须额外支付其他费用。

咨询专家产生方式：咨询专家全部来自世界科技园区协会会员，通过个人申报和至少 3 名专家推荐（其中 2 名专家必须是申请人所在国之外的专家），最后通过世界科技园区协会组织的专家评审委员会产生。目前，世界科技园区协会已有 18 位首批专家产生，他们分别来自 10 个国家或地区。据了解，这些专家均有 5 年以上的科技园区管理者工作经验，并能够积极参加世界科技园区协会的各项活动，还可用英文表达交流。

三是开展一站式技术转移服务。 创新 IASP 联合领先的清洁能源投资银行 ReEx Capital Asia 和世界领先的技术服务机构 DNV GL，在亚洲投资银行的支持下，共同打造了 IPEx Cleantech Asia 一站式清洁能源技术转移平台，该平台致力于将来自全球的技术对接到亚洲发达国家市场，并入驻于启迪控股清华科技园的全球创新孵化网络或 IASP 的全球科技园及创新区域网络中的企业单位，基于该平台，不仅可以通过 IASP 已有的 POINT 技术对接系统提交技术需求，还可以通过 IPEx Cleantech Asia 平台与来自全球的发达技术实现对接，并享用专业法律、金融、研究团队根据需求提供的一站式咨询服务。

四是建立以"知识库"为核心的数字资源库。 知识是国际科技园及创新区域协会的优质会员们向协会提供的最重要的资产，包括建立和管理科技园、孵化器和创新区域的知识，还包括技术转移、创新、企业家精神和经济发展的知识。为在协会会员之间建立并保持畅通财富流通渠道，各会员需大幅缩短学习曲线。IASP 成立 30 多年来，来自全球四百多家会员园区以及入驻企业累计发表了众多与科技创新、科技园区相关的优秀作品，汇集成了IASP 独一无二的知识宝库，为 IASP 会员园区的运营建设乃至世界科技园区的发展提供了最权威可靠的参考。协会长期整理出版一系列关于科技园和创新区域的书籍、会议录、论文和文章，便于协会会员对全球各地的商业模式和趋势进行比较。这些资源为协会会员提供了一个可在日常工作中付诸实践的知识库。为了方便国内的 IASP 会员单位、业内专家、政府、企业研究和学习来自全球科技园区专家的智慧结晶，IASP 中国办公室精选了有价值的优秀论文、研究报告，翻译并汇集成册出版，并面向大众公开发行。

3）网址

网址为：http://www.iasp.ws/。

第12章

开源创新平台：促进开源创新生态

1. IBM Cloud

1）机构概况

IBM Cloud 成立于 2019 年 11 月，总部位于北京盘古大观 IBM 大中华区总部。IBM 完成其软件组合的云原生转化，使之能够在红帽 Open Shift 上运行，首批转型成果——IBM Cloud Paks 产品组合正式亮相中国市场。

IBM Cloud Paks 包括 IBM 庞大的软件产品组合里的 100 多款产品，经优化后可在红帽 Open Shift 上运行，这些软件和服务基于开源技术，包括业界最全面的企业级 Kubernetes 平台、红帽 Open Shift，和全球领先的企业级 Linux 平台红帽 Enterprise Linux，未来拟完成云原生转化。

同时，IBM 中国与神州数码集团股份有限公司签署了合作协议，宣布神州数码成为 IBM 中国第一家"Cloud Paks 臻选合作伙伴（Premier Partner）"，双方将共同借助 IBM Cloud Paks 系列产品，帮助企业步入云转型的深入推进阶段。

2）运行机制

一是实现"一次构建，随处运行"的兼容模式。IBM Cloud Paks 作为企业就绪的容器化软件,是业界首个真正的混合多云平台,能够帮助企业实现"一次构建,随处运行",并更加灵活、安全、快速地实现核心业务的云转型。目前,IBM Cloud Paks 底层可以兼容亚马逊云 AWS、微软 Azure、阿里云等"任意云",可以有效解决在不同供应商之间和不同类型中的云迁移问题。通过通用的操作模型和服务组合与统一、直观的操作界面,为企业客户提供跨云平台的可视性操控管理体验。

二是 IBM Cloud 具有即插即用的特点。 它在保证企业级安全性能的基础上实现了轻量化与容器化,以可动态组装的形式为云应用提供可靠的运行。首批五大 IBM Cloud Paks 软件解决方案简介如下:

(1) IBM Cloud Paks for Data。可以简化和自动化企业获取数据洞察的方式,还可以为企业提供一个开放、可扩展的架构,从而使人工智能数据虚拟化的速度提升 43%。

(2) IBM Cloud Paks for Application。帮助企业更好地实现应用的现代化、构建、部署和运行,可帮助 IBM 在金融科技领域的客户将开发时间缩短 84%。

(3) IBM Cloud Paks for Integration。帮助集成应用、数据、云服务和应用程序编程接口,旨在将集成成本减少 33%。

(4) IBM Cloud Paks for Automation。帮助实现业务流程、决策和内容工作方式转型。一家银行客户曾利用它减少了 80% 的手动流程。

(5) IBM Cloud Paks for Multicloud Management。提供多云的可视化、治理和自动化服务,它能够帮助客户将支持大规模云原生环境的运营费用降低 75%。

三是打造开放、标准、连接的安全体系。 从整体来看,目前 Cloud Paks for Security 已经实现了三项初始功能:在不移动数据的情况下获得安全洞察,自动地快速响应安全事件,以及任何地方均可运行,还获得了开放的安全连接。在云安全方面,IBM 从三个关键领域全面保障云安全:安全的身份及网络、数据和工作流程保护、威胁应对与合规管理;在人工智能响应平台方面,IBM SOAR 则是业界第一个人工智能响应平台。而作为 SOAR 的核心产品 Resilient,是能够对事件进行自动快速编排和响应的端到端平台,以智能、统筹且自动化的方式,帮助安全人员在一个平台上无缝协作,抵御攻击;在数据保护方面,IBM 则推出了数据安全系统 Guardium 与特权账户系统 Secret Server。

四是 IBM Cloud 率先实施开源项目。纵观国内外在安全领域的形势变化,IBM 一直在引领变革。通过实施开源项目,使安全工具在整个安全生态系统中能够自然地协同工作。作为开放网络安全联盟(Open Cybersecurity Alliance)的创始成员之一,IBM 和其他 20 多家组织正在共同研究开放标准和开放源代码技术,以实现产品的互操作性。

3)网址

网址为:https://www.ibm.com/cloud。

2. 旷视科技

1)机构概况

旷视科技成立于 2011 年,依靠以人脸识别为核心的技术和商业布局,最早以"Face++"为外界熟知。旷世科技作为全球人工智能初创百强企业,与商汤科技、依图科技、云从科技一同被称为"AI 四小龙",正致力于做中国原创的人工智能操作系统。

旷视科技的人脸检测和关键点检测技术应用于当前流行的一系列软硬件产品如美图秀秀 App、美颜相机、美颜手机等,以及金融安全系统如支付宝从端到云的 FaceID 远程身份验证,为金融业务提供人脸识别服务。

2)运行机制

一是开拓人工智能为传统行业赋能的模式。旷视科技主要使用 to B(对企业)的商业模式,在互联网、金融、安防、智能楼宇、智能零售等领域开展布局平台和提供行业解决方案等业务。在人工智能开放云平台方面,用户可在旷视科技打造的人工智能开放云平台注册账户并自助使用服务,为开发者提供基础的人工智能能力,如人脸识别、表情识别、文字识别、人体识别等。除上述平台产品外，旷视科技也在围绕核心技术打造"云＋端"的行业解决方案，系统化地为行业用户解决切实的问题。公司内部实行"民主集中制"，若遇到分歧会有决策流程。旷视科技未来 3 年主要做两件事：赋能机器之眼，构建城市大脑。在安防方面将有众多布局，安防未来一定是偏网络化、中心化、多层级的一个解决方案，旷视科技在其中的定位就是做"赋能的机器之眼"。

二是实施"4＋2＋X"技术路径。旷视科技"Face＋＋"的核心技术包括动态人脸识别、在线/离线活体检测、超大人像库实时检索、证件识别、行人检测、轨迹分析等。"4"的含义是四个垂直门类：人脸识别、行人识别、车辆识别以及文字识别。这四个大的识别品类是四个最重要的、最有商业价值的识别内容，因为都是跟人的身份、行为息息相关的。"2"是与视觉和广义机器人的"手和脚"的两个核心相关联。"X"就是人工智能定制化，深度学习这项技术最有吸引力的就是它能够产生相对通用的算法，所以在很多的细分领域，如工业界里面对材料的识别，都非常容易在深度学习的框架里在短时间内通过大量的数据和训练去实现。然后通过和各个商业场景的合作，实现人工智能垂直落地。

三是用 AIoT 的技术和产品升级供应链。旷视科技发布"河图"战略系统，河图是一套致力于机器人与物流、制造业务快速集成、一站式解决规划、仿真、实施、运营全流程的操作系统，可以说是物流仓储场景中机器人网络的大脑，能够为物流、制造等行业提供多厂商和多设备的接入能力及丰富的机器人智能化管理方案，帮助企业打造"人机协同、群智开放"的智能物联新模式，实现降本增效。河图系统的特性主要在于生态连接、协同智能、数字孪生这三大方面。

（1）生态连接。河图的第一个使命是将下游各类机器人控制本体和设备体系与上游的业务系统衔接，具备极强的开放和可扩展性。

（2）协同智能。河图在路径规划、库位优化、负载均衡、作业调度层面提供了大量优化算法，以适配不同的业务场景。同时，旷视为河图构建了自学习、自适应的算法体系，系统会根据业务的历史运行数据和输入的作业量预测自动调整算法。

（3）数字孪生。河图作为机器人网络协同的操作系统，其最重要的产品价值之一是让整个全流程提速，通过将设计、仿真、实施、运行，整合为同一套贴近业务且能直接应用于生产作业的系统。另一个产品价值是实现虚拟世界与真实世界的一致化，尽可能逼真地仿真模拟，从而实现线上的仿真规划。目前，旷视科技公司的河图系统已经在天猫超市、宝洁等合作方的仓库中进行了实际使用。

四是实施城市物联网解决方案。旷视科技的城市物联网解决方案主要模式是"摄像头＋服务器＋算法"，使各种城市场景实现物联网设备的智能部署及管理，通过视觉数据的高效与精确分析，加强公共安全与便利，优化交通管理并改善城市资源规划。目前，旷视科技已经与北京市海淀区东升镇合作组建了"东升镇城市大脑专班"，围绕城市治理、智慧交通、智慧社区、科技公园等应用方向，建设智慧东升。在安徽芜湖，旷视科技基于自身核心的 AI 技术优势和领先的 AI 解决方案落地能力，为芜湖量身打造了覆盖全面、规划超前的城市大脑建设方案，通过芜湖 AI 超算中心、人工智能技术基础应用中心和政务应用大数据支撑中心三者的协同运行，帮助芜湖推进新型智慧城市的基础工程建设，补齐大数据中心能力，提升城市治理水平。这在疫情期间，间接地提高了城市防疫能力。

五是实施教育等民生数字化解决方案。旷视科技推出的教育数字化解决方案，通过提高校园管理的高效性和安全性，有效解决了校园实际场景需求与痛点。而针对线下零售场景数据缺失、无法用数据驱动决策的问题，旷视科技则推出了零售数字化解决方案，从而为传统商业赋能，帮助 3000 家零售门店实现了升级。同时，旷视科技还进行了智慧公园规划，依托北京市海淀区"城市大脑"，以民众参与、体验为中心，以科技创新为主旨，利用人工智能、大数据、5G 和物联网等技术，为东升文体公园建立起了智能管理和智能服务体系，把东升文体公园建设成了具备海淀区"东升镇特色"的智慧化公园，为街镇级智慧公园建设和管理模式提供了行业样板。

3）网址

网址为：https://megvii.com/。

3. GitHub 平台

1）机构概况

GitHub 是一个面向开源及私有软件项目的托管平台，于 2008 年上线。截至目前，除了 Git 代码仓库托管及 Web 管理界面以外，还提供订阅、讨论组、文本渲染、在线文件编辑器、代码片段分享等功能。正因为这些功能所提供的便利，经过长期的积累，GitHub 的用户活跃度很高，在开源领域享有盛名，形成了一种社交编程文化。目前，其注册用户已超过 350 万，其中不乏 Rubyon Rails、jQuery、python 等知名开源项目。

作为一个代表性的开源社区，GitHub 存在着大量、广泛的知识共享。2019 年，GitHub 在其年度大会上宣布，计划将所有开源代码档案存储在挪威斯瓦尔巴特群岛的一座废弃矿井里，并通过建立副本来确保档案安全。GitHub 将采用挪威 Piql AS 公司制造的缩微胶卷进行存储，据称这种胶卷在正常条件下能够保存 750 年，在寒冷、干燥、低氧的洞穴里能够保存 2000 年。GitHub 平台上 1 万个最受关注、最受欢迎的项目及开源代码的缩微胶卷则被牛津大学博德利图书馆复制并存储。此外，GitHub 还将与微软 Microsoft 公司合作，通过使用飞秒激光将开源代码写入石英玻璃盘片，对其进行存档。

2）运行机制

一是社会化的项目开发机制。 GitHub 的功能主要包括 Watch、Star、Fork、Issue、Pull Request 等。Watch 是指社区中用户想要关注某一个人或者某一个项目库而使用的功能，Watch 之后可以对某一个项目或者人产生的动态进行实时的跟踪，相当于一般社交媒体的关注；Star 相当于收藏功能，用户 Star 某一个项目库后就可以在 Star 界面找到收藏的项目；Fork 是将某一个项目复制到自己的库中，也是对原项目进行了一个分支，Fork 后可以对该项目进行任何修改；Issue 是对项目的缺陷（Bug）或者项目改进措施等进行讨论，相当于一个研讨房间；Pull Request 是某一用户对项目进行了修改后,可以向原项目发起请求,将修改合并到原始项目中,这种协同开发的功能比传统的邮件方式更加的方便。

GitHub 项目开发机制是:在社区中,一位用户将感兴趣的一个项目复制到自己的库中,之后,该用户对这个项目进行了一些修改,如添加了某些新的功能,或者说发现了该项目存在的缺陷(Bug),并进行了 Pull Request,这个 Pull Request 提交给原项目开发的团队,因为这个申请是公开于社区的,所以只要关注了该项目的人,都能够看到,然后这个申请可以创建一个Issue,项目核心成员和整个社区的外部人员都可以就该申请进行讨论,经过严肃讨论和严格审查之后,如果原项目团队认为这个改进的建议是优质的,就可以接受 Pull Request,将修改融入原项目中。这就是 GitHub 中最为核心的运行机制,在 GitHub 社区中,超过一半的开源项目都使用 Pull Request来进行合作。在这样的运行机制中,存在着复杂的知识流转体系,包括项目团队内部的知识流转、项目团队与外部人员的知识流转和整个社区中的知识流转。

二是虚拟社区中的知识流转机制。用户在 GitHub 上获取到自己感兴趣或者有需要的某个程序功能时,将其 Fork 后对现有的知识学习进行总结并加以思考,便是知识内化的一个过程。对该项目关注或感兴趣的用户可以利用 Pull Request 和 Issue 进行讨论,用户或许会发现该项目存在的某些缺陷(Bug),也可能会根据自己独有的知识,对项目进行改善或者添加新的功能。在讨论中不断地交换知识、完善知识,实现了隐性知识的交流,最终实现了知识的转化,这就是开源社区中知识社会化的表现。

在这种知识流转的社会化过程中,用户得到一个隐性知识后进行编程化,是一个简单的知识外化的过程;得到显性知识后,原项目组可以选择将该显性知识与原项目进行合并,组合得到一个新的显性知识,这就是GitHub 开源社区中知识组合的表现。

三是项目小组内部工作模式。在开发小组内部,成员通过静态虚拟进程获取项目的基础显性知识,例如数据库和项目基础代码。这一过程不涉及知识发送者和知识接收者之间的交互,并且由于传输过程的静态性质,它可以独立于知识发送者和知识接收者之间的知识交流过程。项目组内的规范面对面进程涉及了知识发送者与知识接收者之间知识流转和小组成员与项目交互中的知识流转。

知识发送者与知识接收者之间的流转是在通用知识流转模型的基础上演变的。包括了五种要素：知识发送者、知识流转对象、知识流转媒介、知识接收者、需求环境。知识发送者将项目核心的内容、知识以及自身的经验知识传递给知识接收者；知识流转对象指这些知识，即代码等；知识流转媒介指开源社区中的某些功能、工具，例如 Pull Request 以及 Issue 讨论等功能；知识接收者在 GitHub 这样一个环境中，能够更好地学习知识。知识发送者是经验丰富的开发人员，作为知识来源，会付出大量的机会成本和时间，因此负责项目的统领工作。而作为知识接收者，缺乏经验的开发人员不仅可以从中学习到很多开发项目的知识，还能开展实践，学习解决问题的方法。

3）网址

网址为：https://github.com。

第13章

创新测试平台：推动创新试验

1．新加坡的"空中出租车"应用场景

1）机构概况

新加坡"空中出租车"首次启动于 2019 年 10 月 21 日，是城市空中交通的重要里程碑。该产品由德国航空初创企业 Volocopter 制造，旨在为城市空中交通引入更安全、绿色的交通工具，以适应城市的拥挤环境。"空中出租车"设有 18 个螺旋桨，可以像直升机一样垂直起降，并顺畅地绕过高楼大厦，以适应城市的拥挤环境。"空中出租车"最高负重为 160 公斤，可供大约两名乘客使用，航程约 30 公里。

2）运行机制

一是 Volocopter 首次提出空中出租车场景构想。 Volocopter 是由电脑芯片制造商英特尔和汽车生产商戴姆勒合资成立，是开发类似传统直升机的无人机的公司之一。Volocopter 设计了一套城市空中交通系统的设想 Volo-ports，在这一交通系统中，"空中出租车"的停车场将借用摩天大楼顶部的直升机机场。并且由屋顶改造而来的"车站"将包含复杂的传送带系统、可更换的电池组和通向巨大充电端口的电梯。

"空中出租车"着陆后，传送带会将它们平移到室内，保证乘客可以在任何天气情况下顺利下车。之后，机器人会将旧的电池组拆出来，更换新的电池。最后，"空中出租车"会通过电梯转移到地下停车场，由运维人员检修后加入到后面的运输队列之中。整套流程能够让 Volocopter 的"空中出租车"每 30 秒起飞或着陆一次，以保证足够的载客量和平价的商业模式。

二是"空中出租车"类企业加快布局。除 Volocopter 外，全球目前有约 20 家公司正在进行类似"空中出租车"项目的研发，除了波音、空客等飞机制造商，一些共享出行公司和汽车制造商也在这种多维交通方面投入巨资研发。

（1）Uber 研制基本情况。美国优步公司（Uber）致力于发展城市飞行器，提供空中服务并且开始与飞机制造商合作研制多种飞行器。eCRM"飞行汽车"就是由 Uber 公司和美国陆军联合研发的一款低噪音的旋翼飞机，计划到 2023 年开始正式用于商业服务。

（2）空客研制基本情况。空客研发的电动飞行出租车 CityAirbus 已经完成了地面测试，这是一款为城市空中交通设计的多乘客、自动驾驶电动垂直起降飞行器，将以快速、经济适用和环保的方式飞越交通堵塞的大城市。CityAirbus 配备的 8 台电机，拥有超强的性能，每台最大功率为 200kw，凭借定制化的设计，这些电机的扭矩密度高达 30Nm/kg。"空中出租车"将在固定航线上飞行，时速可达 120 公里，最多能搭载 4 名乘客，外形酷似直升机。"空中出租车"最开始将配备 1 名飞行员，但随着技术发展，将会使用全自动操作系统。并且空客将采用类似当下流行的网约车模式运营空中出租车，用户可以使用手机应用预订车辆。

（3）德国 Lilium 公司。该公司推出一款可垂直起降的"空中出租车"，时速比汽车快 5 倍，一次可飞行 300km，能从美国纽约飞到波士顿；其发出的噪声比电单车少，且不会产生危害环境的废气。该公司计划到 2025 年将这款交通工具在世界几个城市投入使用。该电动"空中出租车"有 36 个引擎，它们能够转动，先协助机身垂直升空，再推动机身前飞。与那些运用直升机原理飞行的无人机相比，"空中出租车"所耗的能源只有无人机的 10%，但飞行距离却是无人机的 10 倍。

三是多国探索"空中出租车"测试运营。"空中出租车"要得以发展首先离不开政策的支持,制造商都必须面对在城市内起降、续航、安全性、空域管制等问题,尤其是乘客搭乘的安全性以及无人机遭遇网络攻击的风险性。目前全球仅少数国家对这种"空中出租车"发放了测试牌照,以及固定航线的测试运营牌照,这些国家往往是空管制度开放或者对缓解地面交通有迫切压力的国家。欧盟在空域政策方面相对严格,未来亚洲可能成为这种"空中出租车"商业化的首选地。其中,德国表示相关法律不能等到工程师开发飞机完毕后再制定,立法与开发应同时进行。

3）网址

网址为：https://www.volocopter.com/en。

2. 北京亦庄无人驾驶汽车应用场景

1）机构概况

北京亦庄(北京经济技术开发区)自动驾驶应用场景于 2020 年 5 月 26 日首次公开,小马智行成为首家获得北京市自动驾驶载人测试牌照的创业企业,获准在北京开展公开道路载人测试。北京经济技术开发区开放总里程达 322 公里的自动驾驶测试道路。小马智行将在亦庄重点开展网络约车、定点接驳测试。

当前,北京市超过 50％的自动驾驶车辆开放测试道路和里程都在亦庄开发区。开发区还拥有全国首个 T5 级别自动驾驶封闭测试场,占地 600 余亩,涵盖京冀 85％的交通场景,搭载网联通信设备与系统,支持网联驾驶研发测试,目前已正式开放运营。

无人驾驶汽车依靠人工智能、视觉计算、雷达、监控装置和全球定位等系统协同运作。虽然是自动驾驶车辆,但是由于处于测试阶段,每辆车均有 1 名自动驾驶安全员。车辆驶入测试道路后,车辆上的安全员便将双手放开,让车辆自动行驶。自动驾驶车辆测试路段包括转弯、通过红绿灯、通过减速带、避让行人等道路行驶中常遇到的场景。

2）运行机制

一是无人驾驶需依托"车路协同 V2X"通信设计。 V2X 是实现无人驾驶的一种重要技术手段，通过整合全球定位系统、车对车交流技术、无线通信及远程感应技术，奠定了新的汽车技术发展方向，实现了手动驾驶和自动驾驶的兼容。不仅每辆无人驾驶汽车拥有独一无二的一串数字作为"身份证"，通过 V2X 技术广播的交互信息也有数字"身份证"。利用 V2X 技术的汽车在自动驾驶模式下，能够通过对实时交通信息的分析，自动选择路况最佳的行驶路线，从而大大缓解交通堵塞。不断健全自动驾驶与 V2X 车路协同技术及标准体系，要在充分利用现有设施和数据资源的基础上，搭建行业创新平台。通过开发标准统一、开放共享的基础数据中心和风险可控、安全可靠的云端控制基础软件，逐步实现车辆、基础设施、交通环境等领域的基础数据融合应用。

二是实现 5G 全覆盖，智慧路灯支撑无人驾驶。 目前，北京亦庄开发区已拥有铁塔通信基站 299 个，并筛选建设 2085 根智慧路灯杆支撑 5G 时代无人驾驶。同时，北京智能车联产业创新中心正在进行基于 5G 加速无人驾驶汽车试验。北京奔驰、可口可乐等将在工厂内搭建 5G 网络环境，安装覆盖生产、物流等各环节的监控系统；京东方、施耐德、博世力士乐、亦庄水务等数十家公司正在以 5G 网络环境为基础推动数字工厂、数字车间再升级，其他企业也正在布局谋划 5G 环境中的大数据、物联网、人工智能的各类场景。

三是多家企业探索无人驾驶汽车领域。 我国各大车企及互联网领军企业都开始了自动驾驶技术的研发，发布无人驾驶能力、推出无人驾驶产品已经成为了行业常态，在拿到各级城市的路测牌照后，纷纷进行各种天气环境下的道路测试。有的已经投入小批量试运营，车型有乘用车、公交车、卡车、物流车等。中国的百度、小马智行（Pony. ai）、Auto X、智加科技（Plus Ai）无人驾驶水平居于世界前列。

（1）小马智行。早在 2018 年 2 月，小马智行在广州南沙的核心区域推出了 Robotaxi 常态化服务，车队由 4 辆林肯高端轿车和 2 辆国产高端品牌广汽传祺组成,迄今为止已有超过 7 万多次的打车订单。

（2）百度。2020 年 4 月 20 日,百度与一汽红旗合作的"红旗 EV"Robotaxi 车队首批 45 辆在长沙梅溪湖片区和洋湖片区 135 公里的开放路段全面开放无人驾驶试乘。用户可通过百度地图和百度 APP 内的小程序"Dutaxi"一键约车。

（3）智加科技。智加科技是专注于研发 L4 级无人重卡在高速公路运输的研发应用,先后拿到美国加州 DMV 测试牌照、中国营运货车无人驾驶路测牌照。2019 年 11 月 2 日,再获长三角商用车开放道路测试牌照。

（4）熊猫智能公交车。熊猫智能由深兰科技(上海)有限公司与上海申龙客车有限公司联合打造,由新能源驱动,介于 L3～L4。2019 年 5 月 6 日,首次亮相福建;2019 年 6 月,在天津上路运行;2019 年 6 月,在广州生物岛投入运营。

3）网址

网址为：www.pony.ai/。

第14章

中介机构：助力技术孵化

1. 欧洲企业网络

1）机构概况

欧洲企业网络（Enterprise Europe Network，EEN）成立于 2008 年 2 月，也被称为欧洲创新投资和企业联盟网络中心，由 1987 年成立的欧洲信息中心（Europe Information Center，EIC）和 1985 年成立的欧洲创新中心（Innovation Relay Center，IRC）合并组建，旨在为中小企业提供技术创新、转化和资助支持，目前推广范围超 60 个国家和地区、25 万欧洲中小企业，已成为全球最大的商业服务中心。

2）运行机制

一是欧洲企业网络组织管理结构。欧洲企业网络是以一个中心为协调机构，并设有多个分中心，连接着当地网络的复杂多层次网络。欧洲企业网络主要工作机构有以下 4 个：

（1）欧盟委员会企业与工业总司。对竞争与创新计划（Competition and Innoration Program，CIP）及欧洲创新政策全面负责。

（2）欧洲竞争与创新执行署。作用是支持欧盟委员会运营管理 EEN 网络和其他的 CIP 项目、管理区域联盟的协议与财政扶助,和以各种服务手段为 EEN 伙伴机构提供实际的支持。

(3) 指导与咨询小组。保证 EEN 伙伴机构、欧盟委员会企业与工业总司、欧洲竞争与创新执行署三者之间的对话交流。成员由 EEN 网络代表组成(由各国联盟选取产生)。

(4) 专题小组。有着多国性质,给予了一个满足特定客户的具体需要的组织框架。目前共成立了 17 个专题小组。

4 个层面的管理与保障是欧洲企业网络运行的基础。既将欧洲企业网络拉入到欧洲创新政策和欧洲 2020 战略的宏观框架中,也通过欧洲企业网络的运营和技术操作,针对欧洲中小企业的需要,以欧洲企业网络为平台,将欧洲中小企业的合作从欧洲市场扩展到世界市场,各个层面与机构之间有着很好的沟通和协调机制,保证欧洲企业网络发挥良好的作用。

二是欧洲企业网络实行协同创新机制。在 EEN 的总站点下,为了满足不同地区、不同企业的不同需求,成立分站点,而每个分站点内部的组织方式又不尽相同,但最终目的是把官、产、学、研按照最合适的方式联系起来,形成一定区域内的创新生态系统,发挥其协同效应。总站点作为协调中心,汇总各方面的数据和需求,对各分站点进行协调沟通。这种立体网状结构也是欧洲企业网络"一站式"和"零门槛"理念的很好体现。一站式理念是为欧盟企业全生命周期的任何阶段都能提供量身定制的解决方案;而零门槛理念就是任何有需要的欧盟企业通过欧洲企业网络都能找到相应的方案,而没有任何门槛。

三是欧洲企业网络动力机制。需求方创新生态系统与供应方创新生态系统相对,并可以相互转化。而欧洲企业网络平台将两方市场相连接,使得两个生态系统之间更具有相互的正向网络效应,需求方生态系统越强就会吸引更多供应方加入供应方创新生态系统;同样,供应方生态系统越强,就会吸引更多需求方加入需求方创新生态系统。这样系统间和系统内的相互作用会形成源源不断的动力系统。而欧洲企业网络提供了鼓励源创新的政策、培养源创新的高校和研究所、维护企业知识产权的法律保障以及有助于源创新互动发展而创造新价值的环境,为供需双方提供了一个较大的平台,协调着两个系统之间的互动。

四是 EEN 是中小企业向欧盟委员会反馈的渠道。 EEN 网络提供的信息反馈服务能使得政策制定满足中小企业的需求。信息反馈主要有五个目的，即了解中小企业在欧洲经营时所面临的困难、验证欧盟计划的成效、了解具体的立法所造成的困难、让中小企业参与到欧盟的政策制定过程中、提高创新驿站的服务质量。信息反馈主要有以下 3 种方式。

（1）立法咨询活动。欧盟委员在制定法律法规前，会开展公开咨询，征求主要的利益相关者的建议，然后将咨询的反馈结果进行公布或出版，进一步征求当地中小企业的建议。如英国西南部站会挑选出特定的咨询反馈结果给欧洲西南部的企业，然后举办一系列的业务咨询小组活动，搜集当地企业的立法建议并反馈给欧盟委员会，以使欧盟委员会制定出对英国企业更有利的法律。

（2）中小企业反馈工具。企业可通过匿名提交当地创新驿站所提供的中小企业反馈表，向欧盟委员会表达意见。反馈表上的问题包括：欧洲指令所导致的困难；欧洲法律对企业在欧洲市场开展业务的影响及所造成的不必要的财政或行政成本；中小企业在进入欧洲市场时所遇到的业务问题及对欧洲某些程序的疑问等。

（3）顾客满意度调查。EEN 为了改进自己的服务，还会对客户进行顾客满意度调查，希望通过顾客满意度调查找出最终受益者以及企业对服务的满意程度。顾客满意度调查的内容主要包括：所收到的信息是否符合顾客的要求、信息的更新程度如何、信息是否明确、员工的效率、服务质量、服务是否易于获得、收到的资料如何、个性化搜索档案的好坏、业务档案的创建等。希腊站依靠优良的服务获得了极高的顾客满意度，据调查，85%的顾客对希腊站的服务相当满意或非常满意；90%的顾客认为希腊站提供的服务效率和质量很高。

3）网址

网址为：https://een.ec.europa.eu/。

2. 欧洲商业与创新中心联盟

1）机构概况

欧洲商业与创新中心联盟（European Business & Innovation Centre Network，EBN）成立于 1984 年，是欧洲最大的商业创新中心（BICs）联盟，在欧盟委员会、欧洲工业领导界以及首批商业创新中心的联合倡议下创建，总部位于布鲁塞尔。欧洲商业与创新中心联盟现有 300 多家 BICs 成员单位，由欧洲及其他国家的孵化器、科技园和科研机构组成，其中有 160 余家大学科技园。

EBN 负责欧洲科技孵化标准 EU-BIC 的制定，部署和协调相关领域的欧盟及国际项目合作，包括欧洲 2020 计划等，其合约伙伴涵盖了欧盟、欧洲航天局、欧洲专利局、联合国发展计划署和欧洲投资银行等著名机构。

2）运行机制

一是承担国际中心等平台网络角色。 EBN 作为一个充满活力的国际中介网络平台，在创业、孵化、集群、区域经济发展、应用创新等领域积累了 30 年的丰富经验，可以为初创企业、中小企业和企业家提供国际化交流商务平台，EBN 为会员、他们的客户和合作伙伴提供跨境、国际联系和 B2B/伙伴关系机会，通过一系列高水平的活动、会议和研讨会将成员联系在一起，并与他们的外部环境建立联系。

在孵化器和集群组织的支持下，为初创企业和中小企业服务，特别是服务于国际化发展。因此，这项国际化服务的主要目标是为企业提供简单实用的解决方案，从"智能起飞"到"软着陆"，以确保进入或扩张新市场的企业能更有效地了解该国的商业惯例、文化和机遇。该服务有助于加速外国公司的学习过程、在新的国家建立新的联系、建立海外销售网点，并提供获取满足特定业务目标所需的资源和情报的途径。

二是为企业提供认证和政策咨询服务。 EBN 为科技型孵化器和加速器提供独特的"认证和标杆体系"，为孵化器和加速器配备了专业的质量和认证体系,该体系也是唯一被欧盟和其他机构(如 ESA)认可的认证体系,EBN为确保质量标准的商业支持机构提供认证,并提供标杆管理、培训和同行评审服务。EBN 在欧洲政府圈、国际组织(欧空局、开发署)、国家/地区公共当局、非欧盟地区和机构中有良好的声誉,对欧盟和国家政府具有影响力,并协助政策制定者和机构建立充分和充满活力的创新生态系统,便于支持初创企业和高增长的企业家开展经济活动。

三是组织社区及年会论坛等交流活动。EBN 发展的社区包括线上和线下两种模式,通过可下载的内容和活动分享最佳实践、成功故事和知识。EBN 每年与一位成员一起举办一次大型国际会议,每年在布鲁塞尔举办一次政策活动,将成员国与来自欧盟的最新机遇联系起来。EBN 的技术营让会员们能够分享有效的工具和技术,展示有用的资源。EBN 推动的高效"欧盟资助项目"合作工厂,就一系列策略性及相关事宜,为会员提供新的建议。EBN 提供项目,并运行 30 多个由欧盟资助的项目,EBN 成员在其中发挥着推动作用。

3）网址

网址为：https://ebn.eu/。

第15章

面向公众的创新促进活动：增进科学技术交流

1. 创新日本"中日大学展暨论坛"

1）机构概况

中日大学展暨论坛最早举办于 2010 年，是由中国科技部（国家外国专家局）中国国际人才交流协会、日本国立研究开发法人科学技术振兴机构共同主办的大型学术交流活动，包括"中日大学展""中日交流会"及"中日大学论坛"等多个环节。该活动立足于中日两国大学之间的交流，为中日两国大学搭建高层次互动平台，务实推进中日大学科技成果转化与产学研合作，是中日间规模最大的大学、人才、技术交流峰会。论坛包括"日本技术成果展""日本大学校展""中日大学校长见面会"，以及"中日交流会"等活动。

中日大学展连续召开了 15 届，已经成为促进中日间大学合作交流、留学、产学合作的重要平台，发挥了重要作用。自 2014 年实施以来，已累计派遣超过 9000 人次中方人员赴日开展科技交流相关活动，中日大学之间的交流协议已经超过了 5700 件。自 2016 年起，"中日青年科技人员交流计划"已累计邀请 336 名日本官员和研究人员成功访华。在人才交流和专家引进方面，自 1991 年中国政府友谊奖设立至今，共有 242 名日本专家获此殊荣，约占获奖总人数 15％。自 2017 年 4 月中国政府实施外国人来华工作许可制度以来，已累计向日本籍申请人发放许可 34 982 份。

2）运行机制

一是中日大学展是中日科技合作交流的重要渠道。中日两国科技优势互补，合作潜力巨大。在中日政府间科技合作联委会框架下，双方在推动产学研联合研究、科技人文交流、人才交流与专家引进等方面开展了务实有效的合作。在联合研究方面，科技部与日本文科省与外务省、日本科学技术振兴机构等多部门分别共同资助了一大批双方产学研机构进行联合研究。同时，在 2018 年 8 月召开的中日政府间科技合作联委会第 16 次会议上，科技部与日本文科省还签署了共建联合科研平台的谅解备忘录，进一步推动了双方产学研机构之间的合作与交流。

二是中日大学校长圆桌会议。中日大学展暨中日大学论坛设有中日大学校长圆桌会议，有近百名中日大学正、副校长参加。校长们针对"高校师资培训与评估""如何促进中日合作研究""培养国际化人才""产学研合作的最佳实践""技术人员的国际化合作培养"等话题进行了富有建设性的讨论。"中日校长个别会谈"则采取了面对面的方式，让校长之间进行深入交流，确认合作意向，探讨校际合作，取得了诸多成果。现在我国多个省市的科学技术厅局都在与日本 JST 加强沟通，希望推进交流合作，并在未来联合承办中日大学展。

三是日本樱花科技计划。日本樱花科技计划是中日大学展暨中日大学论坛重要组成部分之一，2014 年由 JST 正式启动后，受到了以中国科技部为首的中国各界的大力支持。樱花科技计划以加强亚洲各国青少年和日本青少年在科学技术领域的交流为目的，从亚洲各国邀请高中生、大学生、研究生、博士后等各个层面的青少年短期访问日本。同时，该项目也力图提高亚洲青少年对日本最尖端科技的关注度，为亚洲各国培养优秀的国际化人才。5 年来，樱花科技计划共邀请了 41 个国家的 2.6 万多名青少年访日，其中来自中国的最多，达到了 9000 多人。通过樱花科技计划，日本约 300 所大学与高中共邀请了中国约 500 所大学与高中的青少年来日交流,并由此促成了校际互访、合作研究以及互派留学生等多项交流。

四是中日青年科学技术交流计划。 2016 年,时任中国科技部部长万钢先生提议由中国科技部牵头,5 年邀请 500 名以上日本青年访中,进行中日青年科学技术交流。2017 年该计划首批日本青年到达中国,亲眼看到了中国日新月异的景象,彻底改变了对中国的固有观念。截至目前,已累计邀请336 名日本官员和研究人员成功访华。

3) 网址

网址为:www.keguanjp.com/。

2. Campus Party 创新嘉年华

1) 机构概况

Campus Party 创新嘉年华是 1997 年在西班牙马拉加、巴伦西亚、帕尔马等不同地区成立的 Lan Party,被誉为"全球最大的在线电子娱乐"。Lan Party 由 Lan(局域网)和 Party(聚会)两个单词组成的,直译为"局域网聚会"。在 2008 年,它也转移到其他国家,如巴西、哥伦比亚和希腊。校园聚会最常见的活动是电子游戏、Linux 和分享数字技术信息。

Campus Party 每年举办为期一周 24 小时的科技节和局域网联欢会。目前,全球已经有 15 个国家举办过 Campus Party 创新嘉年华,累计有来自1600 个社团组织和 900 所大学的 70 万人参加,举办活动 88 场,专场演讲活动超过 7200 场次。

2) 运行机制

一是以青年协会 EnRED 成员为核心的创建团队。 Campus Party 创新嘉年华最初由青年协会 EnRED 组织并运营,1996 年 12 月,EnRED 提出了在Benalmadena 青年中心举办小型私人局域网聚会的想法。Paco Ragageles 在"La2"(一个电视节目)中看到了一篇关于互联网相关文化运动的报道,并在

1997 年向 EnRED 提议成立一个 Lan Party，青年研究所所长批准了该倡议。1998 年 Ragageles 和一群由 EnRED 青年组成的领导人决定成立一个更广泛的区域组织，也就是 Campus Party。

二是以 E3 Futura 为核心的活动运营组织。 EnRED 后因商业和技术两方面出现的冲突放弃了 Campus Party 这一活动领域。其他成员于 1999 年建立了 E3 未来(E3 Future)组织，Belinda Galindo 作为主席，继续宣传和组织创新嘉年华活动。并在 2001 年 4 月成立了 CampusT1。CampusT1 是 Campus Party 的一个分支，在巴伦西亚理工大学的支持下发展成一所暑期大学。2002 年 8 月，由于日益增长的需求，Campus Party 更换至可容纳 3000 人的场地，也使得该校园聚会成为欧洲最大的局域网聚会。

三是国内类似的 Campus Party 活动。 目前，与国外频繁举办且发展成熟的 Lan Party 相比，国内的 Lan Party 活动正处于起步阶段。2004 年，国际著名 PC 系统散热解决方案以及 DIY 个性化产品供应商 Thermaltake (Tt)在上海举行了中国首届大型 Lan Party。之后由中国沿海走进西部，成渝两地玩家聚会成都，在蓉城再次举行了盛大的 Lan Party 聚会。2017 年，战旗直播在上海国家会展中心举办了国内首次大型线下 Lan Party，取名为 LanStory，其核心是 BYOC(Bring Your Own Computer，带上你自己的电脑)。玩家们带上自己的主机来到 LanStory，战旗为这些玩家提供桌椅和网络，尽情地玩上三天两夜。

3）网址

网址为：https://www.campus-party.org/。

3. 英国创新科技节

1）机构概况

英国创新科技节(British Science Festival)是 BAAS 牵头主办的大型综合性科普活动，至今已有 170 多年的历史，是欧洲最大的科技节。该活动旨在提高公众的科学觉悟和对科学的理解，涵盖科技宣传、展览展示、演讲、竞赛等活动形式,既给英国科学家及研究机构提供了展示自己研究成果的平台,也是公众接触科学、认识科学、参与科学的重要途径。

科技节于每年9月份在选定城市举行,持续时间大约一周。面向单位为全国各所大学和知名企业,参加者主要是专家、教授、广大科技人员和大学生、青少年等,也有其他国家的代表团受邀参加。每届科技节都有明确的主题,主题选定取决于科技进步、经济发展的需要和执行主席以及承办单位的兴趣。活动内容十分丰富,有近200个项目,包括科技讲座、动手活动、参观项目、技术展览会、科技交流会等,涉及自然科学和社会科学各个领域,每年观众达数十万人。

2)运行机制

一是建立科学和完善的组织实施机制。活动主要由BAAS的16个委员会和学生组织来筹备策划,每次科技节推选一位著名科学家,担任下一年度主席,并确定下次科技节的主题;同时每届成立一个由15~20名专家组成的项目审查委员会,可以就主题向主席提出建议,并负责对科技节活动项目的分类、挑选和综合平衡等工作。BAAS采取16个委员会分头组织活动、大学申办并轮流承办、政府和企业提供资助的组织形式。委员会按照学科分别组织科技节的活动项目,主办大学成立组织委员会,负责活动场所安排等具体工作。

二是预留充足的筹备时间。科技节筹备周期长,每年的科技节提前18个月筹备。一般安排在某一城市的一所大学内举办,同时也在举办城市的其他地方举办一些活动,使不能到校园参加活动的人也有参加科技节的机会。提前2年由有意向举办科技节的大学向BAAS提出申请,最后通过竞标产生。科技节的经费支出一般由BAAS、举办城市政府和社会募集三部分组成。其中票务收入约占10%,来自英国政府的资助约占1/4,约2/3来自企业支持。其中举办活动的场地和相关设施一般由举办大学免费提供。为了保证一些重要人物(科技活动报告人、特邀人士等)能够到会,BAAS会还对他们给予一定的经费支持;同时,对参与组织和服务的学生志愿者也给予一定的生活补贴。此外,由于科技节不安排食宿等烦琐事项,大大减轻了活动承办方的工作压力。

　　三是确定明确的活动目标对象。科技节活动的目标对象十分明确，主要针对家庭公众、具有广泛兴趣的公众、具有专门兴趣和专业知识的观众、专业志愿者、专业工作者5种类型的公众群体设置不同内容和级次的活动。绝大多数活动是针对普通公众设置的，只有不到15%的活动是为专兼职从业者设置的，充分体现了活动的针对性、科普性强的特点。

3）网址

　　网址为：https://britishsciencefestival.org。

第16章

城市创新中心：凝聚创新活力

1. 剑桥地区肯戴尔广场创新区

1）机构概况

剑桥肯戴尔广场（Kendall Square of Cambridge District）位于美国马萨诸塞州坎布里奇市查尔斯河西岸，紧邻麻省理工学院，是全球创新企业最多、创新活动最活跃的地区之一。该区域承接了麻省理工学院的知识技术外溢，集聚了大量能源、IT 与数据、生物医药等企业，产业环境是具备全球竞争力的新兴高新技术产业集群。

肯戴尔广场经历了三个发展时期，实现了从工业区、办公区到创新区的转变。起初麻省理工学院在政府资金支持下进行军事研发，其附近区域逐渐发展成为军事工业区；20 世纪 60—70 年代政府财政投入逐渐减少，该区域开始转型发展民用电脑生产行业。而 1980 年后，区域内的企业逐渐从硬件转向软件开发，并基本摆脱了对国家财政的依赖，工业逐渐迁出，旧厂房逐渐更新为办公楼；20 世纪 90 年代，在校企合作下，生物技术产业首先爆发式发展，随后新能源等新兴科技产业崛起，区域创新能力不断增强。谷歌、亚马逊和微软等顶尖信息技术公司以及生物技术和制药巨头都扩大了在肯戴尔广场的业务，以利用该地区发生的创新活动，如 Novartis、Genzyme、

Biogen、Sanofi、Millennium Pharmaceuticals 和辉瑞等。

2）运行机制

一是通过打造良好的创业基础和创新氛围推动创新发展。 初创公司选择肯戴尔广场，是因为创新创业活动在初期主要依托于该区域的低效用地和废弃厂房、低廉的租金和麻省理工学院的人才。但随着城市建设，地价和租金不断上涨，影响到了该地区的创业活力和小微企业的入驻。为了保持肯戴尔广场的竞争力和活力，政府在 2012 年颁布《肯戴尔中心广场规划研究》(Kendall Square Central Square Planning Study)，提出要保留和增加初创企业的生存空间，允许增加建设密度，鼓励孵化器、联合办公空间、生产服务业的发展，区域内新增办公空间的 5% 应开展与创新创业相关的活动。同时，该区域成立了具有政府性质的剑桥创新中心，为创业创新人才及企业提供优质的环境。此外，努力引导创新文化，通过政策和宣传提倡学校的创新发展，并制定校企合作的鼓励制度，促进区域内创新生态的形成。

二是大学创新人才的培养对创新街区发展具有重要支持作用。 MIT 的创新创业机构及项目极大地推动了创新人才的培养。技术许可中心(Technology Licensing Offices，TLOs)、孵化器、科技园等机构有助于技术转化。MIT 创业生态系统与 MIT 悠久历史密不可分，深受其学校校训"Menset manus"熏陶，该系统中主要创业创新机构有 MIT 创业中心、MIT 专利授权中心、Deshpande 技术创新中心、Legatum 研发创新中心等。主要创业创新项目有 MIT 创业计划、E&I 跟踪计划、MIT 创业辅导服务计划等。MIT 毕业生创建的企业主要是软件、生物科技、电子制造、商业咨询等领域的知识型企业。

三是通过改善公共空间提升生活品质并激发创新活力。 21 世纪的高技能工人寻求能激发他们创造力的组织和环境，出现所谓"城兴人，人兴业"(people follow city，business follow people)的现象，一改工业或服务经济时代传统意义上的"业兴人，人兴城"(people follow business，city follow people)。肯戴尔广场不仅是工作场所，也是生活娱乐场所，区别于硅谷以办公空间为主的空间形式，创新城区合理配比功能用地，增加零售等生活服务空间，增加人们在此停留的时间和活动的多样性。通过公共空间塑造来改善城区环境,为沟通、面谈等创新型活动塑造新场所,很好地吸引了创业者和年轻的专业人士,最终真正地激发了该地区的创新活力。在 2013 年开始建设片区改造项目时,肯戴尔广场倡议书(*Kendall Square Initiative*)提出,在建设科技创新街区的同时,要建设商业娱乐街区,组织多元的商业活动,营造富有创造力的、有活力的空间,项目规划规定区域内 75% 的地面层用于商业及服务功能,增加街道活力。同时,规定区域内要建设 15% 的开敞空间,并推进查尔斯河沿岸公园改造、绿地系统规划、步行道、骑行道规划。

四是积极开发第三空间等新型活动场所。该地区房地产开发商承认,零售空间开发基本无利可图,但开发商愿意开发零售空间纯粹基于一个简单的原因,即零售空间能为新型活动创造新的场所。新型工作场所被命名为"第三空间":家庭是第一空间,办公室是第二空间,第三空间则是非正式的公共聚会空间,如咖啡馆、餐馆和广场等。例如,位于第三街的电压咖啡馆(Voltage Caff),作为在该地区开设的第一家咖啡店,目前已经成为连接当地企业家和风险投资家会面的重要场所,正在成为创业活动的新场所。所有这些地方的共同特征有:一是有免费 Wi-Fi;二是室外座位与人行道相接;三是价位"中等";四是全天开放;五是有"时髦"氛围。其中,最常使用的有科技广场草坪、Genzyme 广场、广阔运河步行道、万豪酒店广场和大堂等。

五是重点调控住宅市场以满足基本居住需求。肯戴尔广场创新城区希望该片区也成为生活居住街区,规定区域内住宅建筑面积最少要 2.23 万平方米,其中 18% 是保障性住宅,8% 是创新 LOFT,通过商品房、保障房、LOFT 等多种形式的住宅混合,满足包括居民、工人、学生等各类人群需求。住宅项目开发中还规定,在建设高层住宅中超 200 英尺(约 76m)高度的住宅部分,需要涵盖 25% 的中等收入(80%~120% 收入中位数)居民。好的环境吸引更多的人到该地区,为了吸引更多的人,建设的环境又不断变得更好,实现了正向循环。2014 年 9 月肯戴尔广场倡议书的目标是:四个停车场转变为 mixed-usedistrict(多功能区),区内包括住宅、实验室、办公场所、零售店以及开放式空间。

3）网址

网址为：https://www.kendallsq.org/planning-and-development/。

2. 南湖联盟

1）机构概况

西雅图的南湖联盟社区（South Lake Union District-Seattle）位于西雅图市中心北侧、联合湖的南岸，是一个科研院所、研发机构及创业企业、孵化器及金融辅助机构高度集聚、创新活动旺盛、各主体网络化互动特征明显的高端城市新经济空间，是西雅图六个未来城市发展中心之一。2000年前，联合湖南区工业区的产业主要为面粉加工等传统制造业，片区用地类型单一，建筑物多为生产车间；2000年后，传统制造业逐渐衰败。为了激活经济发展和产业转型，政府通过政策倾斜吸引科技产业和教育机构，逐渐完成了亚马逊总部的迁入、华盛顿大学医学研究中心、盖茨基金会校区的建设，以及生物医药产业的发展，片区开始恢复经济活力，并将创新驱动作为中远期发展目标。2013年，市政府为了推进城市增长和片区的经济转型，对西雅图的南湖联盟社区进行了新一轮的发展规划和公共基础设施投入，希望通过空间优化、就业提升、住房保障等措施进一步吸引创新人才和科技企业。

2）运行机制

一是促进用地功能混合，提高多业态发展就业率。 规划中引入了SM（Seattle Mixed）用地标准——不是规范土地类型，而是对土地上建筑的占地面积、体量、设计风格以及与周边城市空间的互动关系进行规范，例如街块内部划分、沿街立面等，用地功能则允许商业、办公、住宅、服务多功能使用及混合利用。规划中尤其关注可以提供就业岗位的零售、服务业的发展，并结合交通中转站合理布局，开发建设交通站点周边要满足最低就业岗位要求，即800m范围内至少包括1.5万个工作岗位，而整体片区就业密度则要求每英亩（1英亩≈0.41公顷）提供多于50个工作岗位。

二是实行"城区更新型"模式。南湖联盟社区是"城区更新型"创新城区的典型代表。从空间区位看,该类型的创新城区一般都源自城市老工业区、老的滨水港口工业区或仓储区,通过产业转型并改造物理空间,形成新的产业功能和城市形态。"城市更新型"创新城区首先通过交通体系再梳理,打通区域与城市其他活跃地区的联系,结合历史建筑遗存改造提升,推进物理空间资产的改良,吸引更多与知识、信息生产和交换等直接相关的知识技术密集型经济资产进驻,将整个区域转型为一个经济繁荣的空间。"城市更新型"创新城区开发过程中重视社会网络关系构建,建构一个多元开发、环境平衡的空间,包括生产中心、社会居住、公共服务和生态休闲等功能,最终提升区域生活和工作的质量。

三是城区建设鼓励高密度和高利用度建设。城市建设上,政府提出要增加建设强度,提高建设密度。未来该区域的建设强度将增加一倍,成为整个西雅图城市区域的重点建设片区。而现用地状况较为混杂,以商业办公用地(占 43%)和工业用地(占 19%)为主,少量住宅(占 4%)分布在东南侧。规划中将涉及多处改造和重建的项目,新项目将重新规划建筑高度,尤其是零售业建筑和住宅的高度,鼓励土地的高强度利用。同时对地块分割、塔楼底商、沿街界面进行引导,建设高密度、步行友好的街道空间。

3)网址

网址为:http://www.seattle.gov/。

3. 科技领军人才创新驱动中心(宁波)

1)机构概况

2019 年 9 月 17 日,宁波市首家国家级科技领军人才创新驱动中心正式落户海曙区。该中心是由科技部指导、科技部人才中心联合全国各省市科技管理部门和有关单位共同打造的国家高层次人才服务区域发展的新平台。其服务内容涵盖信息发布与共享、咨询指导、招才引智、合作研发、成果转化、人才与团队培养、评估评价等 7 方面。自 2014 年至今,科技部人才中心已在江苏、浙江、山东、四川等省市推动共建了 33 个科技领军人才创新驱动中心，主要针对地方高层次人才短缺及刚性引才困难等问题搭建汇集人才的服务咨询平台，旨在围绕产业链、强化创新链、构建人才链，促进区域科技创新和产业发展，带动科研平台、高新技术企业、人才团队、科技成果落地。

科技领军人才创新驱动中心（宁波）的成立，加上 2017 年国家科技领军人才创新创业基地落地宁波鄞州，将开启创新创业基地和创新驱动中心"双轮驱动"模式，围绕宁波产业链、创新链、人才链，结合宁波港口开放优势和良好的制造业基础、完善的产业体系、发达的民营经济、灵活的体制机制，实现科技创新领军人才和宁波企业的合作共赢，并为宁波进一步集聚高端人才和智力，增强宁波的科技人才集聚度、开放度、活跃度。

2）运行机制

一是确保人才驱动中心工作常态开展。首先，要加强自身能力建设，确保需求挖掘、问题凝练、跟踪服务等常态化工作开展。其次，要不断提升专业化管理能力与服务水平。定期开展人员培训与交流，根据当地条件与实际需求，适当引入一些中介服务专业机构，明确工作范畴与职责，联合开展相关工作。再次，要加强系统筹划与设计，严格计划执行与落实。从年度目标、自身建设、日常工作、重点活动、保障与安排等方面制定年度工作计划，在执行过程中，严格要求时间节点与任务落实。最后，要建立多部门联合协同机制。探索组织部、人才办统筹，联合其他部门、事业单位、创新创业服务机构、产业联盟、科技大市场、协会等共同开展工作。

二是坚持人才驱动的本质要求。深入贯彻落实习近平总书记提出的"创新驱动实质上是人才驱动"指示精神，坚持"地方为主导、需求为引导、产业为主体、服务为手段"，一方面，结合国家战略重点和区域发展实际需求，加强总体布局和谋划；另一方面，主动协同企业、高校等开展工作，提供多元化支持与服务转变，通过推动进平台、引人才、送服务、给成果、促三化（规范化、专业化、系统化）、结联盟、严执行等重点工作，促进人才驱动中心更快、更实地建设与发展。

三是践行"创新开放协调绿色共享"的新发展理念。两年多来,各地人才驱动中心在政策落实、制度建设、机制探索、条件保障等自身能力建设方面取得了重要进展,并开展了大量创新驱动工作,取得了一定成效,共征集凝练出 1000 余项产业发展与企业技术创新确切需求,推荐和组织 1000 多位国家科技领军人才及当地高层次人才服务区域创新发展,重点涵盖产业咨询与升级、企业发展与技术创新指导、科技园区规划、解决一批区域重大关键技术难题、实施一批技术转移和成果转化、联合开展人才培养与培训以及创业辅导等。组织各类交流对接活动 200 余场,协同搭建产业技术研发平台 2 项,促进各类人才与技术合作项目近 100 项。同时,为人才驱动中心储备了 2.5 万名专家,陆续推介了近 900 项科技成果。

海曙是宁波都市经济圈的核心区、4 个 GDP 超千亿元的县(市)区之一,人才驱动中心将深入挖掘需求,加强资源整合和跟踪服务,积极打造金融创新示范区、首批省服务业强区试点,加快集聚高新技术、金融服务等新兴产业,形成科技创新新局面,支撑全市高质量发展。

3)网址

网址为:https://www.italents.cn/xqdzx/。

4. 乌克兰工程院宁波创新中心

1)机构概况

2020 年 4 月 19 日,乌克兰工程院宁波创新中心在宁波市北仑区正式揭牌,该平台将为宁波引荐乌克兰工程院的外籍院士专家,开展项目交流、科技创新、人才培养等方面的合作。乌克兰国家工程院是乌克兰最高学术机构之一,拥有 500 多位院士,在机械制造、航空航天、冶金学、环保和新能源等领域的专业优势明显。此次合作将更深地拓展工程院顶尖人才和先进技术资源,有利于本土企业提升产品技术,进一步拓展市场。

中心选址于国家级科技孵化器、国家级留学生创业园——开发区科技创业园,建筑面积近 3.6 万平方米,首期约 5000 平方米,将搭建海外工程师集中服务平台、创新智力资源整合平台、技术供需精准对接平台,赋能北仑装备制造业御风而行。中心根据海外工程师的产业集聚程度成立了三个产业创新服务联盟,包括高端汽配模具产业海外工程师创新服务联盟、集成电路产业海外工程师创新服务联盟和医疗健康产业海外工程师创新服务联盟。目前联盟已经集聚了100余位专家,为高端汽配模具产业提供更强大的智力支撑和技术支持,下一步还将纳入更多海外工程师到服务联盟,为北仑乃至宁波、浙江的企业提供专业服务,力争打造成国际创新资源要素集聚的海外人才产业创新服务综合平台。

2）运行机制

一是充分发挥创新中心的人才交流平台作用。一方面进行企业技术和人才需求摸底,另一方面让企业与专家对接。"海伯集团"引进韩国专家,手把手教授先进的制造工艺与技术,掌握纺车式渔线轮产品的全生命周期控制方面的核心技术;"摩多"引进熟悉东欧市场、具有海外供应链资深运作经营背景、精通俄语、英语、乌克兰语和汉语的乌克兰专家,成功打开俄罗斯及乌克兰市场。越来越多的北仑企业借助该平台开展项目、科技创新、人才培养等方面的合作,突破技术、管理、市场等瓶颈,登上国际舞台。

二是予以人才引进更优厚更强力的政策支持。为配套支持宁波高端装备海外工程师协同创新中心建设,北仑同步出台《关于进一步加大海外工程师引进培养的实施意见》,在人才引进、项目培育、平台建设、服务保障等方面予以海外工程师政策红利。"针对协同创新中心引进的全职、柔性顶尖人才和博士学位的海外工程师,给予生活补贴,最高为100万元每年""加强技术攻坚或成果转化,最高给予100万元项目扶持""子女有最高5万元学费补助"……目前累计引进国外专家9500人次,每年常驻的海外专家约500名,来自美国、俄罗斯、日本等全球54个国家和地区,为企业研发和设计新产品500余项,解决技术难题600余个,填补国内技术空白120余项,补贴企业引智经费855万元,带动企业引智投入超5000万元。

三是以更为优质、高效、便捷的专业化服务,形成全球引智虹吸效应。中心除了为外国专家办理外国人居留许可、外国专家来华工作许可证外,还可以提供人才专项房申请、专家疗养安排等政务服务,另外口笔译、票务、商务用车等商务服务以及法律财务咨询、技术转化、专利申请、项目申报等专业服务也都可在中心找到相应部门、专业机构和人员。将原本碎片化、多部门的工作整合在了一起,实现线上线下融会贯通的转变,为海外高端人才来北仑工作创业创新、安居乐业创造了优质的环境。近年来,北仑装备制造产业高速发展,占全区工业产值比重超 40%,规模位居全市第一。尤其是汽车制造、高端模具等领域发展迅猛。

3)网址

网址为:http://kjt.zj.gov.cn/。

5. 比利时微电子研究中心集成电路重大公共创新平台

1)机构概况

比利时微电子研究中心(Interuniversity Microelectronics Centre,IMEC)成立于 1984 年,战略定位为纳米电子和数字技术领域全球领先的前瞻性重大创新中心,与 IBM 和英特尔(Intel)并称国际高科技界的"3I"。

目前,IMEC 的核心科研合作伙伴囊括了全球绝大多数顶尖信息技术公司,如英特尔、IBM、德州仪器、应用材料、AMD、索尼、台积电、西门子、三星、爱立信和诺基亚等。IMEC 从 2004 年起,成功研发 45nm 以下的芯片前沿相关技术,同时开发了一系列的创新性器件和系统。特别是近年来在 IMEC 等研发平台和产业伙伴的支持下,以 ASML 公司为代表的欧洲光刻机产业巨头崛起,并引领全球集成电路工艺技术不断进入新的创新"里程碑"。我国政府十分重视与 IMEC 科研机构的合作,国家高层领导多次到 IMEC 鲁汶总部参观,积极推动我国企业与其展开深度的国际合作。

IMEC 集成电路重大公共创新研发平台成立于 2015 年。同年 6 月 23 日,IMEC 与中芯国际集成电路制造有限公司(中芯国际)——内地规模最大、技术最先进的集成电路晶圆代工企业、全球领先的信息和通信解决方案供应商华为、全球最大的无晶圆半导体厂商之一 Qualcomm 附属公司 Qualcomm Global Trading Pte. Ltd. 在人民大会堂举行签约仪式，宣布共同投资中芯国际集成电路新技术研发（上海）有限公司，开发下一代 CMOS 逻辑工艺，打造中国最先进的集成电路重大公共创新研发平台，目前以 14nm 先进逻辑工艺研发为主。此项目整合了集成电路制造企业与国际业界公司、研究机构等优势资源，以企业为主导创新，可以针对市场需求进行最及时有效的研发与生产。

2）运行机制

一是该集成电路平台创新国际合作模式。 此平台项目是集成电路制造企业与国际业界公司、研究机构合作模式上的重大突破，充分整合了国际产业链的上下游公司、国际尖端研发力量等优势资源。以企业为主导创新，可以针对市场需求进行最及时有效的研发与生产；让无晶圆半导体厂商以股东身份加入到工艺的研发过程中，可显著缩短产品开发流程，加快先进工艺节点投片时间。中芯国际将有权获得新技术研发公司开发的先进工艺节点量产技术的许可，这些技术可以应用于中芯国际目前及未来的各种产品，或用以服务中芯国际与其他公司的业务，带动国内集成电路整体技术水平，达成《国家集成电路产业发展推进纲要》提出的 2020 年 16/14nm 工艺实现规模量产的目标。未来，业界公司、大学院校、研究所将继续在这个平台上展开充分的合作，将进一步提升中国集成电路制造业的核心竞争力。

IMEC 总裁兼首席执行官 Luc Van Den Hove 表示："我们看到了中国市场和电子工程创新上的成长潜力。四个合作伙伴的专业度确保我们能够创造一个促进中国纳米级电子研发的优异平台，14nm 制程的合作研发制造是达成这个目标的基石。我相信此基石将有利于全球集成电路制造产业的发展。"

二是该平台采取 IMEC 产业联盟计划合作模式。 IMEC 与世界 600 多家知名企业和 200 所大学、研究机构成为合作伙伴，科技成果层出不穷，其中包括英特尔、ARM 等国际知名企业，孵化衍生出 40 多家高新技术企业。其国际合作的对象与方式也各有不同。合作的类型有 IMEC 产业联盟计划（IMEC

Industrial Affiliation Programs，IIAPs)、双边合作(bilateral collaborations)、技术授权与认证(technology transfers and licenses)、欧盟合作计划(EU consortium programs)、训练与服务(training and services)等不同的模式。其中集成电路重大公共创新研发平台属于产业联盟计划模式。

产业联盟计划模式以其优异地结合研究与开发的方式而知名全球。这个商业模式主要是共同分享智能财产权和优秀人才，也共同分担风险和成本。参与这种方案的合作单位可以派遣研究人员与 IMEC 的研究人员以及其他产业联盟计划合作伙伴的研究员组成研究团队。每一个参与单位，每一个研究计划，都可以量身定做研发内容与方式。IMEC 拥有的技术可以转移给参与单位，而研究计划内创新的研究成果也可以共同分享。当然，产业联盟计划合作伙伴仍然保有自己珍贵的研究数据与机密文件。例如，2008年台湾的力晶半导体(Powerchip Semiconductor Corp.)成为了 IMEC 的合作伙伴，为 32nm 以下的内存技术(sub-32nm memory technology)开发解决方案，特别是处理先进光学微影(advanced lithography options)。

三是该平台是"中国芯"工程落地。中国产业面临的挑战要远大于几年前。过往半导体需求主要以 PC 形态的产品以及智能手机驱动为主，中国固然成了全球最大的终端市场，但是需求总量已近瓶颈。如今，一个远大于过往规模的市场空间已为互联网时代开启，半导体业的需求呈几何级增长，未来 5G 时代，会有上千亿的终端连接，形成物联网。人口、地域、产业结构，决定了中国是全球线下资源、生态最丰富的国家。这意味着未来半导体业的缺口会进一步放大。如果还停留在"两头在外"的发展模式，中国半导体业即使不会重蹈覆辙，也很难具备独立发展的能力，产业链当然不可能真正自主。这一合作，势必刺激起 4 家企业的产业链商机，本地设计企业、材料设备企业、封装企业，都会从中受益，并且有望形成资本市场特有的投资板块。

四是 IMEC 极其重视研发项目集的选定。由 IMEC 基于对产业前沿的战略愿景研判，广泛征求全球合作伙伴意见，以"领先全球产业技术两代"标准进行战略布局。以 IMEC 著名的 193nm 深紫外线芯片工艺项目集为例，全世界共有 30 多家单位参加此项目集，其中包括顶尖芯片生产商(如英特尔、AMD、Micron、德州仪器、飞利浦、意法半导体、英飞凌和三星等)、设备供应商（如 ASML、TEL、Zeiss 等）、基础材料供应商（如 Olin、Shipley、JSR、Clariant 等）、芯片设计软件供应商（如 Mentor Graphics 等）以及 4 个来自美、欧、日的集成电路产业联盟（SEMATECH、IST、MEDEA、SELETE）。这些领先产学研机构参与项目集前，都会向 IMEC 支付入会费和年费；各类参与的合作伙伴在 IMEC 的战略研发平台上，可以紧密协同和接力研发，在芯片核心工艺上快速取得重大突破。

3）网址

网址为：https://www.imec-int.com/。

参考文献

[1] 刘红. 日本工业区的发展建设与金融制度支持[J]. 日本研究,2004,(2):7.

[2] 翁媛媛,饶文军. 生物技术产业集群发展机理研究——以美国波士顿地区为例[J]. 科技进步与对策,2010,27(6):6.

[3] Phillips S,Yeung W C. A Place for R&D? The Singapore Science Park[J]. Urban Studies,2003,40(4):707-732.

[4] 郑峻. 硅谷 Y Combinator 的创业孵化经[J]. 创业天下,2012.

[5] 张化尧,金波,乐颖,等. 商业孵化中的资源/能力聚合与竞争优势形成机制:来自硅谷 Y Combinator 案例的启示[J]. 上海管理科学,2021,(1):81-88.

[6] Tom Cheredar. 硅谷孵化器 500 Startups 利用众筹为新基金募资[J]. 投资与合作,2014,(8):1.

[7] 胡雯. 日德海外科技人才资助体系研究与启示——以 JSPS 和德国洪堡基金会为例[J]. 科技中国,2020,(10):6.

[8] 王丹红. 英维康基金会设立新项目资助科学家[N]. 科学时报,2011-7-6.

[9] 樊春良. 跨越边界的科学——美国科学促进会(AAAS)2019 年会的观察与思考[J]. 科技中国,2019,(5):12.

[10] 柯遵科. 英国科学促进会的创建[J]. 自然辩证法通讯,2010,(3):8.

[11] 高玉梅,欧阳桥. 欧盟支持创新的一项重要举措——欧洲创新与技术研究院(EIT)综述[J]. 云南科技管理,2010,(4):2.

[12] 胡峰,曹鹏飞. 基于自由基聚合理论的英国科技创新智库建设机理分析——以英国弹射中心为例[J]. 情报杂志,2018,37(12):90-96.

[13] 叶雪洁,宋超. 城市科技创新模式的实践与启示——以英国未来城市弹射中心为例[J]. 科技中国,2020,(7):3.

[14] 王成刚,郑金连,佟大伟. 典型跨国技术转移机构案例分析[J]. 中国科技成果,2012,(11):3.

[15] 赵辉. 日本科技振兴机构成果转化服务体系及启示[J]. 中国高校科技,2020,(3):4.

[16] 钟鸣. 日本科技中介机构的运营机制[J]. 全球科技经济瞭望,2001,(11):2.

[17] 曲向芳,俞盈帆,都晓辉. NASA 航天技术转移案例[J]. 卫星应用,2019,(10):18.

[18] 王蕾. 欧盟创新驿站的运作模式与传统技术转移服务机构的比较研究[J]. 图书

馆学研究,2014,(14)：6.

[19] 国际科技园协会(中国办公室)[Z]. http：//iaspbo. com. cn/.

[20] IBM Cloud [Z]. https：//www. ibm. com/cloud.

[21] 许莹. 旷视科技重磅打造河图智能机器人 正式进军物流市场[J]. 现代制造, 2019,(2)：1.

[22] Sandy Ong. 电动空中出租车飞过新加坡上空[J]. 科技纵览,2019,(12)：2.

[23] 杰弗里斯·博斯沃思. 用于空中出租车服务的区块链空域管理：CN201811640409. 6, CN110070758A[P]. 2019.

[24] 贾瑞清,孙稚媛,张尚生. 关于无人驾驶汽车存在问题的拟解决方案[J]. 测控技术,2018,37(8)：4.

[25] 贺莹. 创新驿站营运研究——以欧洲企业服务网络(EEN)为例[D]. 武汉：华中科技大学,2012.

[26] EBN. EBN innovation network[Z]. https：//www. ebn. eu/.

[27] Ewalt,David. Campus Party. [J]. Forbes. com,2012.

[28] 邓智团. 第三空间激活城市创新街区活力——美国剑桥肯戴尔广场经验[J]. 北京规划建设,2018,(1)：4.

[29] 佚名. 美国西雅图盖茨基金会园区开始成型[J]. 钢结构,2009,(10)：102-103.

[30] Massachusetts government-backed startup accelerator awards ＄200K to first class,gets ＄170K for second class ［Z］. https：//www. mobihealthnews. com/content/massachusetts-government-backed-startup-accelerator-awards-200k-first-class-gets-170k-second.

[31] GitHub[Z]. https：//github. com/.

[32] 刘睿. 枝江 科技领军人才创新驱动中心落户[J]. 党员生活(湖北),2018,(28)：1.

[33] 央广网. 宁波高端装备海外工程师协同创新中心揭牌[Z]. https：//baijiahao. baidu. com/s?id＝1664405073061479787＆wfr＝spider＆for＝pc.

[34] BioValley[Z]. https：//biovalley. ch/membership/.